致命的武器 *Vol.2*

German Weapons of WWII

克里斯・畢蕭（Chris Bishop）與亞當・華納（Adam Warner）編著

張德輝 譯

軍事連線
Military Link

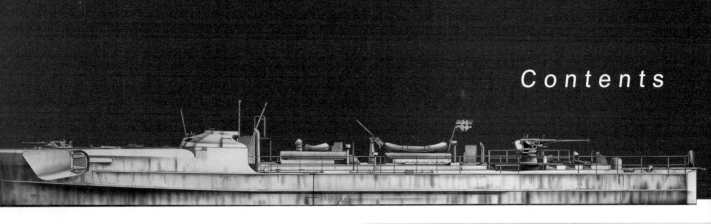

Contents

容克斯Ju88快速轟炸機

「元首並未問我，德國空軍有哪幾款轟炸機，他只想知道有多少架！」──赫曼·戈林

西元一九三五年三月十日，英國的《每日郵報》（Daily Mail）刊登一則赫曼·戈林元帥的訪談內容，他坦承軍事分析家早已知道的事實：德國違反了凡爾賽和約的禁令，創建航空部隊。儘管德國空軍直到那個時候才正式宣告成立，可是它已經暗中運作一段時期。

同年四月，希特勒將德國的飛機製造龍頭，容克斯公司國有化，德國政府在一九三三年時就取得該公司百分之五十一的股權。容克斯很早即以Ju52型客機為基礎，發展出軍用運輸機，而最著名的Ju87型俯衝轟炸機亦準備好投入一系列的量產。儘管容克斯的下一款飛機，Ju88型從未獲得如「斯圖卡」一般的大眾稱呼，卻注定要在二次大戰中扮演更重要的角色。

一九三〇年代中期，如同其他國家的航空部隊，德國空軍亦發展一系列速度快過雙翼戰鬥機的雙引擎轟炸機，當時仍有大批的舊式雙翼戰鬥機在服役。都尼爾Do17型與亨克爾He111型一開始皆為民用飛機，卻著眼於軍事用途而設計，他們都在西班牙內戰期間進行測試。不過，那個時期的科技發展腳步十分快速，甚至在這兩款戰機投入服役之前，德國空軍就迫切需要一款專為作戰目的製造的轟炸機，不但能夠增加載彈量，還要提升航速。因此，容克斯設計出Ju88型「快速轟炸機」（Schnellbomber）。它的性能非常出色，比「帝國航空部」制定的規格要求高出許多，第五架原型機還在一九三九年打破國際飛航紀錄。這架特別改裝的飛機以二千公斤（四千四百零九磅）的

這架早期的Ju88A型轟炸機準備飛往英國執行任務之前，正在為它的引擎暖機，該機於起落架與機身間的掛架下各承載了一顆SC500型（500公斤）炸彈。Ju88A型轟炸機的兩個機身彈艙可裝載二十八顆小型的50公斤高爆彈。

Ju88的設計是作為一款高速轟炸機，利用飛快的速度來避開麻煩。然而，事實證明，快速轟炸機容易遭到現代化的單座戰鬥機擊落，所以容克斯不得不在它已相當狹窄的駕駛艙內加裝額外的防禦武器。

載重量飛越一千公里（六百二十一哩），平均時速創下五百一十七公里（三百二十一哩）。這個紀錄很接近當時英國皇家空軍飛行中隊所配備的霍克颶風式主力戰鬥機之最大航速。

在容克斯的生產管理方面，該公司的年邁主管，胡果‧容克斯（Hugo Junkers）博士遭到撤換，反正他也快要退休。不過，容克斯博士公開反對希特勒使他立刻被逐出公司，由一位鐵石心腸的鋼鐵工廠經理海因里希‧考本伯格（Heinrich Koppenberg）博士接任。

工業負荷

考本伯格竭盡全力改善他在航空事業中所見識到的勞力密集生產方式。然而，他從未完全克服有礙產

容克斯Ju88A-5型：第30轟炸機聯隊第9中隊，荷蘭吉爾茲—里安（Gilze-Rijen），1941年

投彈瞄準器：Ju88 配備兩組投彈瞄準器。設在機鼻的瞄準器可供投彈手進行傳統的水平轟炸，而駕駛座前的瞄準器則可讓飛行員發動俯衝攻擊。這兩組投彈瞄準器不用時，皆可擺盪至一邊，而不會妨礙飛行組員從事其他工作。

發動機：Ju88A-5型由兩具容克斯Jumo211G-1型引擎推動，該型引擎與原先量產型機所配備的發動機相同。Ju88A-5型裝置了更有效率的機翼，它原本是為Ju88A-4型設計。事實上，A-5型比A-4型還要早投入服役，乃因後者的Jumo211J型引擎生產延宕所致。

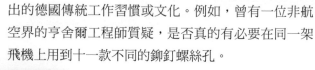

英國工程師正在檢視一架遭擄獲的Ju88轟炸機。該機狹窄的四人座艙值得一提：德國人可以接受如此擁擠的駕駛艙設計以提升士氣，儘管稍微沒有效率，而且在敵機的一陣掃射下，容易使飛行組員蒙受慘重的傷亡。

出的德國傳統工作習慣或文化。例如，曾有一位非航空界的亨舍爾工程師質疑，是否真的有必要在同一架飛機上用到十一款不同的鉚釘螺絲孔。

德國人沒有採用美國的大規模生產方式，而且德製的飛機依然需要大量、又比美國更專業的勞工。此外，帝國航空部時常提出變更設計的要求，亦使生產力難以提升。

戰爭的爆發並未刺激德國的飛機工廠增加產出。的確，希特勒在一九四〇年將工業優先權轉移到陸軍和海軍手上，反而使戰機的產量下滑。即使艾伯特·史貝爾(Albert Speer)遲來的工業動員也無法讓民間部門的表現更佳。例如，龐大的歐寶（Opel）汽車工廠雖然開始製造Ju88的零組件，這家民營公司擁有大量的資源和技術勞工，卻沒有得

單位標誌：這架容克斯Ju88漆著第30轟炸機聯隊的識別代碼，該單位是於1939年9月第一個操作Ju88快速轟炸機上場作戰的聯隊。大戰中，第30轟炸機聯隊主要是在北海進行反艦任務，從荷蘭、丹麥與挪威的基地出擊。

水雷戰：B型空投水雷（Luftminen Type B）是一款雙用途武器，投擲在海上為水雷，用於陸上則是延遲引爆炸彈。它由降落傘來減緩下墜速度，確保武器入水時不會受損，或避免在地面上提早引爆。

容克斯Ju88A-4型

發動機：兩具1,350匹馬力容克斯Jumo211J-1型引擎
性能：5,300公尺高空最快速度每小時470公里；5,000公尺高空最快巡航速度每小時400公里；最大航程2,730公里
重量：空重9,860公斤；最大起飛重量14,000公斤
尺寸：翼展20公尺，全長14.4公尺，高4.85公尺，翼面積54.5平方公尺
武裝：一挺前射7.92公釐機槍，一挺前射13公釐機槍，一或二挺後射13公釐機槍，一或二挺機腹吊艙機槍；最大載彈量2,000公斤

Ju88產量：
1939年9—12月：69架
1940年：2,538架
1941年：3,348架
1942年：3,661架
1943年：3,654架
1944年：3,286架
1945年：355架
總產量：16,911架

由於Ju88交由一些承包商於多座次級工廠中製造，所以最終產量數據並不明確，資料從14,780架（包括104架原型機）至將近19,000架（亨舍爾的數據）都有。

到授權打造完整的飛機。

同盟國的彈性生產方式

相反地，英國的民間工廠於大戰期間與軍火工業密切合作，由製造巴士轉為生產戰車或飛機。在美國，對比更加強烈，像是通用汽車公司（General Motors）能夠製造格魯曼（Grumman）的航空母艦艦載機；福特公司（Ford）則在特別打造的威洛倫（Willow Run）複合工廠量產B-24型轟炸機。一九四四年，這個工廠在亨利‧福特（Henry Ford）自訂的目標下，一個小時即可完成一架四引擎轟炸機的組裝。

Ju88的發展在懶散的戈林和極不勝任的恩斯特‧烏德特(Ernst Udet)主導下，不斷受到各個利益團體的干擾。該機投入服役前，從一九三六年至一九三九年間，容克斯公司甚至被要求製造一百架的原型機和前量產型機。此外，自第一架原型機在一九三六年十二月首飛到

Ju88的駕駛艙後面僅配備兩挺機槍，用來對抗從尾方俯衝而下、又裝設了多挺機砲的單座戰鬥機。機腹吊艙的一挺後射機槍多少也能保護容克斯轟炸機的底部。

自1940年以來,Ju88即是德國空軍轟炸機部隊的中堅,亦為令人讚賞的設計範例。各項要素在它身上揉合成一體,創造出高效能的作戰兵器。同時Ju88又極具發展性,而且相當重要的,它可衍生出多款適合執行第一線勤務的戰機。該機與其成員還廣泛出現在德國出版的彩色宣傳刊物上。

第七架Ju88原型機乃是作為驅逐機或重型戰鬥機角色的測試機。這款衍生型證明非常成功,帝國航空部將它命名為Ju88C型,並下令投入量產。該型機總共製造了三千多架,擔任夜間戰鬥機或長程戰鬥機。照片中的這架原型機後來被改裝成高速通訊機。

榭寄生S3型是訓練用的聯結機，由一架Ju88A-6型與一架Fw190A-6型組成。這兩架飛機採用不同等級的辛烷燃料，所以在操作上十分不易。作戰用的聯結機則為一架Fw190搭配一架Ju88G型夜間戰鬥機，後者的機首經過改裝，設置一顆3,800公斤的錐形裝藥高爆彈頭。照片中的例機於大戰尾聲之際遭英國皇家空軍擄獲，並在戰後進行評估。

榭寄生：飛行炸彈

　　二次大戰期間，德國一款非常具有創造力的航空器，是利用陳年飛機改裝的飛行炸彈，其代號為「榭寄生」（Mistel）。這款飛行炸彈是以無人駕駛且裝載大量炸藥的Ju88和一架戰鬥機聯結而成，戰鬥機乃架設於Ju88的機背上來進行操控。晚期型的榭寄生甚至把Ju88的駕駛艙拆除，並在機鼻裝置突出的引信以增加破壞力。一旦發現目標，戰鬥機的飛行員便會引導Ju88對準目標物，然後釋放飛行炸彈。德國空軍於1944年5月首次採用這樣的方式向盟軍船艦發動夜間轟炸，他們還計畫在1944年12月大規模襲擊英國皇家海軍的斯卡帕灣基地。針對英國海軍艦隊的行動中，德國原本打算派出六十架榭寄生從丹麥起飛進行夜襲。不過，這起行動充滿危險，笨重遲緩的榭寄生很容易遭攔截機摧毀，所以最後並未付諸實行，任務由於「天候不佳」而被取消。另一起規模更大的榭寄生作戰同樣沒有執行，因為蘇聯的戰車部隊蹂躪了榭寄生的基地。他們原先的目標就是蘇聯的主要戰車工廠——如此關鍵的目標，德國空軍卻晚了四年才發動攻擊！

榭寄生的原型機是以一架梅塞希密特Bf109F-4型搭配一架Ju88A-4型，於1943年初首飛，這樣的構想似乎大有可為。1943年7月，容克斯公司接獲指示準備十五架舊式A型系列轟炸機以改裝成榭寄生。第一個作戰單位則為第101轟炸機聯隊旗下的一支中隊，並於1944年5月對盟軍的入侵船艦發動首次攻擊。

儘管容克斯公司早在1936年即交出Ju88的開發計畫予帝國航空部，卻仍提議製造一款配備更強勁引擎與擴大流線形駕駛艙的改良設計。照片中的飛機就是容克斯依此構想所打造的Ju88B型原型，它後來發展成強大的Ju188型轟炸機。

Ju88原型機於1936年12月21日首飛。到了1938年，Ju88被宣告為角逐德國空軍快速轟炸機設計的贏家，儘管這架飛機於1937年4月的初期測試中即墜毀。1938年，德國空軍下令修建廠房準備量產Ju88轟炸機，轉包合約還發給了阿拉度、亨克爾、都尼爾和福斯汽車公司（Volkswagen）。

夜間戰鬥機

容克斯公司於1940年發展出一款Ju88的驅逐機（重型戰鬥機）衍生型，可是它的作戰能力與在不列顛上空戰鬥的梅塞希密特Bf110同樣有限。不過，另一款Ju88的戰鬥機型卻及時登場，反制英國皇家空軍轟炸機的暗夜空襲。

儘管Ju88戰鬥機於比斯開灣上空執行白晝長程戰鬥任務時，亦展現了咄咄逼人的氣勢，但真正讓他們功成名就的是作為夜晚的掠奪者。德國最後製造出三千多架的Ju88C型夜間戰鬥機，晚期型還配備雷達和傾斜射擊的加農砲。它的武裝由13公釐機槍逐步升級到六門20公釐加農砲，近距離的短暫掃射就足以摧毀一架重型轟炸機。當美國陸軍航空隊的轟炸機群蹂躪第三帝國之際，戈林於1944年夏命令Ju88夜間戰鬥機部隊盡最大努力，批准他們冒險於白天出擊。

在幾次巧遇中，美軍的機載照相機拍攝到了Ju88夜戰型的廬山真面目，盟軍也終於見識到這位暗夜獵手。然而，儘管Ju88夜間戰鬥機的火力強大，卻構成不了多大的威脅。雷達加上機砲的重量使其飛行性能嚴重下滑，他們在與護航的P-51野馬式或P-47雷霆式交火時，根本沒有勝算。

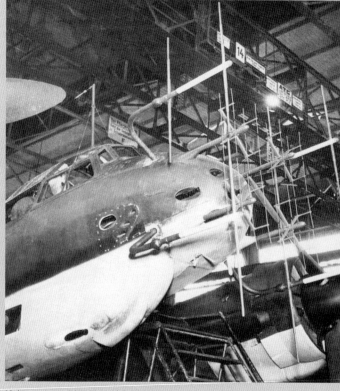

未裝設雷達的Ju88C型乃作為東線戰場的「列車殺手」（Train Buster）。照片中這架於機鼻裝置多挺機槍的Ju88C-6型還偽裝成轟炸機的樣子，想必是要欺瞞蘇聯戰鬥機的飛行員。

這架Ju88C-6c型配備了列支敦斯登FuG202 BC型與FuG220 SN-2型雷達。就當時的科技而論，飛行員不得不忍受這些錯綜複雜、性能又非常有限的天線。FuG220 SN-2型的掃瞄範圍最短400公尺，舊式的FuG202 BC型則為200公尺。

Ju88的最終衍生型為Ju388，並發展出偵察機型、轟炸機型與戰鬥機型。這款戰機的性能非常優越，卻太晚登場而無力扭轉戰局。他們從未編成完整的作戰中隊。

Ju88A-4型：圖中這架Ju88A-4型漆著第30轟炸機聯隊第3大隊的識別代碼，1941年5月在克里特島和馬爾他作戰。A-4型是原型轟炸機的改良型，裝置新的機翼，由兩具Jumo211J型引擎推動。後續的Ju88轟炸機衍生型皆是以A-4型為基礎來做進一步的改良。產量一萬四千多架的Ju88超過一半是A型系列轟炸機。

Ju88C-6型：Ju88的驅逐機衍生型於第76轟炸機聯隊第4中隊旗下作戰，1942年是以黑海的塔干洛（Taganrog）為基地。C-6型驅逐機是第一款大量生產的實心機鼻Ju88，德國空軍於1944年所接收的三千架左右Ju88當中，超過二千五百架為戰鬥機衍生型，大部分都是C-6型。

Ju88S-1型：Ju88S型是A型系列的高速轟炸機衍生型，它的機腹吊艙遭到拆除，只搭載三名成員。圖中的例機隸屬於第66轟炸機聯隊第1大隊，大戰的最後幾個月裡從戴德斯朵夫（Dedelsdorf）出擊。他們的主要任務是襲擾英吉利海峽和北海岸的盟軍港口。

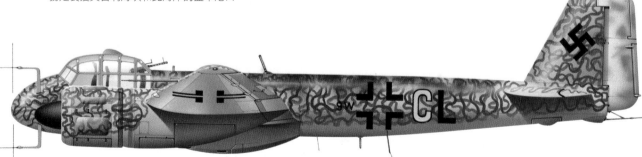

Ju88G-6b型：Ju88C型夜間戰鬥機愈來愈多的裝備使其飛行性能大幅下滑，所以改良的Ju88G型裝置了擴大的尾翼（由Ju188的尾翼發展而來），並重新調整武裝。圖中的例機隸屬於第101夜戰聯隊第1大隊，1944年底以茵果爾城（Ingolstadt）為基地。該機配備了六門前射的MG151型20公釐加農砲，並於機背裝設兩門向上射擊的「爵士樂」（Schräge Musik）加農砲。

Ju88A-17型是以標準轟炸機改裝的魚雷轟炸機衍生型。照片中的這架魚雷轟炸機在設置於機翼基部的特殊掛點下，各承載了一枚750公斤的LT F5b型魚雷。

第六架於一九三八年完工時，竟然有二十五萬件的技術性修改。

無必要的複雜性

　　德國空軍的生產亂象在戰前是司空見慣的事，即使開戰之後，戰機投入服役，高層仍不斷提出規格的修改，甚至只要求非常小部分的生產線做改裝。例如，儘管德國空軍僅訂購了五百架的阿拉度Ar68型戰鬥機，卻有一打左右的衍生型，包括配備四款不同的發動機和三套不一樣的無線電組。

　　無論如何，Ju88的生產只是延遲了而已。原本計畫在一九四二年至一九四四年投入戰場的Ju89重型轟炸機在它的擁護者華爾特‧偉佛（Walther Wever）中將搭乘亨克爾He70型飛機遇上空難逝世之後，乃遭取消。隨著英國和美國的四引擎重型轟炸機的發展愈來愈成熟，德國空軍仍把戰略轟炸任務交予中型轟炸機

執行。況且，亨克爾He111與都尼爾Do17皆是傳統的水平轟炸機，Ju88卻得兼任俯衝轟炸機的角色。大型的俯衝減速板加裝在Ju88的外翼下方，機翼下的掛點可承載四顆五百公斤（一千一百零二磅）的炸彈，最大載彈量則為二十八顆SC50型五十公斤（一百一十磅）炸彈。不過，最後一款前量產型機的超載問題曾導致翼樑斷裂，起落架也不堪負荷而折斷，即使第一款投入服役的Ju88亦得小心翼翼地操作。

　　Ju88的駕駛艙設計與都尼爾Do17差不多，四名組員擠在狹小的空間裡。英國人認為，以士氣來看，這樣的設計合理，因為有些皇家空軍轟炸機的機尾槍手顯得十分孤苦零丁。然而，德國戰機的駕駛艙實在是太過擁擠了。

駕駛艙

　　Ju88的飛行員坐在隔艙的左上方，投彈手則在右下方；一些衍生型機的投彈手座位還調高，讓他充當副駕駛。航空技師坐在飛行員的後方，面向機尾，能夠向後射擊一或兩挺七‧九二公釐機槍（後來改為十三公釐機槍）。無線電操作員坐在航空技師旁邊，但於機身下方，好隨時擠進機首吊艙內，向後射擊一挺七‧九二公釐的機腹機槍。

　　帝國航空部在一九三八年提出一個野心勃勃的計畫，要求成立五十四支轟炸機中隊，並於一九四二年春之前全數配備Ju88轟炸機。在四支He177重型轟炸機中隊和八支斯圖卡中隊（後來由梅塞希密特Me210取代）的補充下，七千三百二十七架容克斯轟炸機將成為德國空軍戰略打擊力量的中堅。然而，工廠的機器裝設、勞力的擴充和原料的取得都比預期的還久，其背景因素就是戈林從中阻撓重型轟炸機部隊的構想死灰復燃，進而影響到Ju88的生產。戈林評述：「元首並未問我，德國空軍有哪幾款轟炸機，他只想知道有多少架！」因此，更實際可行的產量目標於一九三九年八月重新設立：Ju88仍為主力轟炸機，預定在一九四一年四月以前完成二千四百六十架，往後每個月則持續製造三百架。

緩慢的生產率

　　戈林的顧問們想像德國擁有世界上最強大的航空

部隊，每架轟炸機的尾翼上都彰顯著納粹的徽章。然而，實際上，戰機的量產速率十分緩慢，始終無法大幅提升。一九三九年八月三十一日，即大戰爆發前夕，德國空軍的第一線單位只收到十八架Ju88，相對於He111與Do17分別有八百架和二百五十架。過時的亨克爾與都尼爾轟炸機在一九四〇年仍持續生產，以彌補Ju88數量的嚴重不足。事實上，亨克爾He111幾乎到了戰爭末期還在製造。

Ju88於一九四〇年在西線戰場的表現非常出色，是該年夏天飛越英吉利海峽的最佳德國轟炸機。然而，在不列顛之役中，這款快速轟炸機卻證明容易遭英國颶風式與噴火式戰鬥機擊落，所以不得不強化防禦武裝。

1942至43年冬季期間，在東線冰天雪地的機場裡的容克斯Ju-88A中型轟炸機。地勤人員已經把地面上的積雪清除以做為跑道，但因為過於寒冷，必須用油布把引擎包裹起來。裝在駕駛艙後部的機槍暗示著一場作戰即將展開。

防禦武裝

Ju88轟炸機的防禦機槍臨時增加到四挺是很平常的安排。不過，由於機槍手是各自瞄準射擊，而且七十五發鼓形彈匣連續開火，不到三秒鐘子彈就會打光，所以士氣效果遠大於實質。

一九三六年的設計草圖中，就有把Ju88改裝全玻璃罩機鼻與球形駕駛艙的構想，第一架依此設計的Ju88B型於一九四〇年升空。該型轟炸機的後射武裝包括一門射角有限的十三公釐機槍，頂部機槍塔內亦安裝一挺七‧九二公釐機槍。它的機翼較長，加上其他的改裝使外觀大為不同，所以戈林也在一九四二年五月重新命名為Ju188型，還嘲諷地說：「現在，我們也可以向英國人展示新的轟炸機！」

Ju88是德國空軍於二次大戰期間用途最廣的戰機，就所能執行的戰鬥任務範圍來說，可與英國的蚊式匹敵。它發展出四十多款衍生型，無論是轟炸機型、戰鬥機型或偵察機型都有一系列的改良。自一九四二年起，Ju88即是德國空軍數量最多的轟炸機，遭取代的He111則逐漸轉任運輸機的角色。

英國人相當了解Ju88的能力，因為一架轟炸機於一九四〇年夏迫降到他們的領土上，所以皇家空軍進行了徹底的檢視，並將它修復，再於一九四一年初投入服役。一九四一年七月，一架Ju88A-6型於誤認的情況下降落到布里斯托（Bristol）附近的機場，機組員

們在察覺錯誤之前乃遭地勤人員制伏。四個月後，另一架Ju88A-5型的飛行員亦犯下相同的錯誤，降落到北德文郡（North Devonshire）的契芬諾（Chivenor）皇家空軍基地。

叛逃

此外，二次大戰期間有兩起Ju88的機組員叛逃事件。一九四三年七月，一位羅馬尼亞籍的飛行員駕著一架全新的Ju88D-1型飛往塞浦路斯的利馬索（Limassol）。另一件插曲則多屬於投機性質，一群德國空軍夜戰中隊的菁英顯然是在事先計畫好的行動下，駕著他們的Ju88R-1型降落到亞伯丁（Aberdeen）附近的戴斯（Dyce）。這架夜間戰鬥機於蘇格蘭海岸上空與一批護航的噴火式戰鬥機會合，機上的海因里希‧施密特（Heinrich Schmitt）中尉、保羅‧羅森貝爾格中士（Oberfeldwebel Paul Rosenberger）與埃里希‧康特威爾（Erich Kantwill）中士甚至向第3夜戰聯隊第10中隊的同事發送訊息，謊稱他們在北海遇上引擎失火，準備進行迫降。英國人立刻檢驗這架配備列支敦斯登雷達（Lichtenstein，或譯明鑽雷達）的先進夜間戰鬥機，後來施密特與羅森貝爾格的名字還經由英國廣播傳送出去。這架飛機一直保存在聖阿森（St Athan）的英國皇家空軍博物館，是現今仍存留的三架Ju88之一。

海岸突襲者

儘管德國海軍的主力艦霸占了報章媒體的頭條版面，可是真正在執行重要戰鬥任務的卻是數百艘小型護航艦、突擊艦與海岸快艇。

德國海軍的摩托魚雷艇又稱「快艇」（Schnellboot）或「S艇」，船員們通常戲稱她為「忙碌之船」（Eilboot），英國人則以訛傳訛地叫她「E艇」，他們將字母「E」誤解為「敵船」（Enemy boat）之意。

二次大戰以前及戰爭期間，德國生產了幾款不同等級的S艇。儘管一開始德國海軍指定採用柴油引擎，可是在盧森（Lürssen）造船廠製造的S1號原型艇卻裝置三具八百匹馬力的戴姆勒—賓士汽油引擎。同時，戴姆勒—賓士公司和奧格斯堡—紐倫堡機械工廠（MAN）也發展出一款不錯的柴油發動機。原型快艇的全長為三十二・四公尺，但後繼型為了提升航速而改裝，長度亦增加到三十四・七公尺，這樣的標準一直維持至大戰結束。其後的S艇都把兩具魚雷發射管設置於駕駛艙前方，留下空間來架設滑動式備用魚雷填裝軌道。另外，較晚的革新設計增高了前甲板，將魚雷管涵蓋起來，此一結構還可充當中央火砲的掩體。提高的乾舷使得前甲板較能不受海浪的侵襲。

晚期型魚雷艇的排水量約在一百至一百零五公噸之間。編制船員在戰爭爆發的時候為二十八名，到了西元一九四四年則逐步增加到三十二至三十四名。

S艇內的空間可讓半數的船員架設吊床，其他的人則得睡在桌上或桌下，及無線電室或魚雷管旁。船上還有非常小的伙食間，好為船員準備熱食或咖啡。由於船上的空間十分擁擠，水手們通常待在岸上生活，只有出任務或進行維修時才會到船上。

S艇的方向舵設計相當特殊，可產生所謂的「盧森效應」（Lürssen effect）。這個設計包含裝置於船尾下方外側的兩個小型推進器，他們能夠向舷外旋轉三十度而不需動用船身中線的主螺旋槳。如此一來，S艇即可改變船尾的水流，產生更快的加速度並提升推進的效率。到了一九四五年，如此的革新設計還使得S艇的最快航速增加至四十二節。

火砲升級

德國魚雷快艇能夠搭載各式各樣的武器。戰爭的大部分時期，她們架設一或兩門二十公釐防空機砲和兩具二十一吋（五三三公釐）魚雷發射管。自一九四四年起，由於盟軍的空中威脅與日俱增，掛載火箭與加農砲的戰機經常出沒掃蕩德國的小型護航船

隊，所以S艇的武裝也逐步升級。晚期型艇一般配備一門四十公釐防空快砲與三門二十公釐防空機砲，或是一門三十七公釐快砲與五門二十公釐防空機砲。大一點的船還會在放置備用魚雷的甲板改載六或八枚水雷。

　　促使S艇隊成為獨立部隊的幕後推手是魯道夫・彼得森上校（Kapitän Rudolf Petersen）。他於一九三八年八月接掌第2快艇隊（2nd S-Boote Flotilla）的指揮權，並率領這個單位進行大戰中的第一場S艇戰役。在彼得森就任指揮期間（一九三九年至一九四一年），第2快艇隊還參與過挪威、北海和波羅的海之役。一九四二年四月，即這位上校回到岸上轉任參謀官後的七個月，他成為整個S艇隊的首腦，總部設在荷蘭的薛芬寧根（Scheveningen）。彼得森由那裡指揮S

第1快艇隊的S艇群，船上還飄揚著德意志帝國海軍的軍旗，納粹標誌直到1934年才印在新的海軍軍旗上。這批早期型快艇裝置不同的發動機，標準的柴油引擎自S6號艇以後引進，S1號至S5號艇則裝設汽油引擎。

R艇原本只是配備兩門20公釐加農砲和深水炸彈或水雷的60公噸掃雷艇。可是，自R17號艇之後，她們的尺寸擴大到S艇的規模，武裝也升級為一門37公釐砲和六門20公釐防空機砲。為了保護挪威的鐵礦運輸航線，這樣的火力強化確實有必要。

S142號快艇於1943年打造，她的船尾裝載一門40公釐防空砲，船首的砲座上還有一門20公釐防空機砲。S142號的排水量超過100噸，是德國最大的魚雷快艇之一，可是航速也大幅下滑。

R艇與S艇能夠在放置備用魚雷的後甲板上改載最多八枚的水雷。德國海軍於近岸海域四周，尤其是在英吉利海峽與波羅的海布下大量的水雷，以封鎖盟軍的水面上艦隊。就擊沉的噸位來說，水雷作戰比快速魚雷艇的攻擊還要有效率。

艇隊向英吉利海峽、北海、波羅的海、黑海和地中海發動攻擊。

　　一九四一年五月，柏林的高層認同了S艇隊的作戰效率，當時他們制定出一塊「S艇戰鬥獎章」（Schnellboot Kriegsabzeichen），由威廉・恩斯特・

皮克豪斯（Wilhelm Ernst Peekhaus）設計。該獎章上展現一艘短小、高輪廓的S艇克服巨浪向前衝刺的圖案，旁邊圍繞著黃金橡樹葉，上頭還附有一塊黃金國徽（老鷹與納粹徽章）。先前發給S艇隊員的則是「驅逐艦戰鬥獎章」（Destroyers War Badge）。

　　獲頒「S艇戰鬥獎章」的標準為累積到十二次的

一支於波羅的海作戰的R艇隊。德國海軍和芬蘭海軍在波羅的海海域的行動中，R艇是功不可沒的戰鬥掃雷艇。那裡的海上戰役於1943年達到高潮，該年，不只一艘蘇聯戰船或潛艇突破從赫爾辛基（Helsinki）至塔林（Tallinn）所設下的潛艇封鎖網。

出擊紀錄，它亦在就職典禮、表揚傑出領導的場合上頒發，尤其是用來慰勉完成艱辛任務或於英勇行動中負傷的隊員。另一塊由皮克豪斯和彼得森共同設計的新獎章則在一九四三年一月亮相，它展示一艘更長的新型S艇，上頭的國徽也比較大。

此外，首款「S艇戰鬥獎章」的另一特別版頒給了八名表現優異的S艇指揮官，他們早已獲得騎士十字勳章至鐵十字暨橡樹葉勳章，卻仍英勇地戰鬥。這枚特殊的銀製獎章附有黃金圖案，納粹標誌上還鑲嵌九顆小鑽石。「輝煌S艇戰鬥獎章」（Schnellboot Kriegsabzeichen mit Brillanten）的發放是德國海軍總司令埃里希‧賴德爾元帥的特權，無需希特勒批准。他們於非正式的午餐大會上頒發。

二次大戰期間，德國S艇廣泛地執行戰鬥任務，東方與西方海域都看得到她們的身影。S艇甚至部署到黑海對抗蘇聯海軍，她們協助阻撓蘇聯由水上對塞瓦斯托波耳(Sevastopol)要塞進行補給；後來又到亞速海，支援德國國防軍向高加索地區（Caucasus）挺進。

E艇小徑

二次大戰期間，盟軍忽視了德國快艇的威脅性，大眾媒體經常報導S艇遭到英國皇家海軍擊沉或驅逐的

德國S艇比英國的同級船還要安靜，而且低矮的輪廓使她們不易被發現，直到盟軍廣泛部署雷達為止。儘管德國魚雷快艇的航速較其他對手慢，卻更適合長途航行。

消息。不過，這批快艇在英吉利海峽的近岸贏得敵人的敬重，因為她們的速度快，火力佳，而且能夠承受比英國皇家海軍魚雷艇更大的戰損。

護航隊之戰

S艇隊首次真正的戰鬥，是攻擊一批載著煤礦航向英國岸邊火力發電廠的護航船隊。即使在敦克爾克（Dunkirk）落入德國人手中之前，S艇就部署到荷蘭的海港，巡邏長達一百六十公里的海域直至英國海岸，作戰航程約在三個小時以內。她們對盟軍的船舶造成不小威脅，使得從多佛海峽（Straits of Dover）沿岸一直向北延伸到英國泰晤士河口（Thames Estuary）的水域被稱為「E艇小徑」（E-Boat Alley）。表面上，英國政府蔑視S艇的問題，可是不久便啟動摩托砲艇作戰計畫來反制德國快艇的襲擊。

由於S艇的體形小，能夠深入歐洲廣大的內陸河域航行，或是由列車載運至各地。她們加入義大利海軍於地中海作戰，就連黑海也看得到她們的身影。

S艇隊最大的考驗是盟軍在一九四四年六月發動的諾曼第登陸戰。那裡部署了五支S艇隊（總共三十七

一群停泊於藏身之處的德國S艇。她們從固若金湯的混凝土潛艇基地出擊，掃蕩英國南岸外的定期護航船隊。盟軍經常對這些基地發動轟炸，卻未取得多大的成果。最後，盟軍掌握了絕對空中優勢，並在改良的砲艇上裝設雷達，才擊敗德國的魚雷快艇隊。

艘船，備戰狀況各有差異），她們以英國南部對岸的港口為基地，仍然由彼得森擔任總指揮。

這些單位是：以荷蘭艾默伊登（Ijmuiden）為基地的第8快艇隊；比利時奧斯坦德（Ostend）基地的第2快艇隊；法國布隆涅的第4快艇隊；還有瑟堡（Cherbourg）的第5與9快艇隊。第9快艇隊是由貴族果茲·巴朗·馮·米爾巴赫中校（Fregattenkapitän Gotz Baron von Mirbach）率領。

奇襲

早在D日作戰之前，德國的S艇隊就施予盟軍艦隊慘重的損失。一九四四年四月二十六日，美國陸軍第4步兵師展開一場代號為「老虎」（Tiger）的演練。載著部隊和車輛的登陸艦於德文郡（Devon）的斯洛普頓沙洲（Slopton Sands）外進行搶灘演習，為諾曼第代號猶他海灘（Utah）的登陸戰做準備。四月二十七日至二十八日晚間，八艘美國海軍的戰車登陸艦（LST）在沒有適當護航的情況下，遭到第5與9快艇隊的九艘S艇攻擊，她們是從瑟堡啟航。

慘重的損失

德國海軍擊沉了LST507號與LST531號戰車登陸艦，LST289號亦遭受重創而跛行回到達特茅斯港（Dartmouth）；S艇隊則無任何損失。在這場行動中，共有四百四十一名美國士兵和一百九十七名水手喪生，多過猶他海灘登陸戰的陣亡人數，而且戰車的折損也讓盟軍的參謀傷透腦筋。

彼得森上校由於這次成功的作戰獲頒橡樹葉章飾以陪襯他的騎士十字勳章。不過，因為盟軍擔憂反攻歐洲大陸的計畫會曝光，老虎護航隊事件直到D日作戰之後才公布。這個祕密還引發了外界質疑海軍單位欲隱瞞事情真相的迷思。

一九四四年六月五日至六日晚，當德軍接獲第一起空降突擊的通報後，S艇隊亦於凌晨三點出動巡邏，卻沒有發現任何敵人的蹤影。

入侵

六月六日至七日晚間，所有可派的S艇全數出動，但第5快艇隊的S139號與S140號卻被水雷炸沉。只要天候許可，德國的魚雷艇幾乎是每日出擊。然而，面對盟軍龐大的水面上艦隊，她們取得的成果十分有限。德國媒體原本還以慷慨激昂的措辭報導S艇隊的英勇行動，但她們的作戰表現頗令人失望。

即便如此，德國的S艇仍舊是揮之不去的威脅，她們在一九四四年六月取得的功績包括魚雷攻擊英國海軍的戰艦納爾遜號（Nelson）和美國海軍的驅逐艦馬雷迪斯號（Meredith），後者不久沉沒。其他遭S艇擊傷的船艦尚有英國海軍的反潛驅逐艦哈爾斯泰德號（Halstead）與戰車登陸艦LST538號。另外，小型的戰車登陸艇LCT875號、LCT105號、LCT376號與LCT314號，以及登記總重六百二十一噸的美國海軍貨輪唐格朗治號（Dungrange）、五百三十四噸的亞香提號（Ashanti）與六百五十七噸的布拉肯菲爾德號（Brackenfield）皆被擊沉，這批貨輪全都載滿了燃料和彈藥。拖船派崔吉號（Partridge）與芝麻號（Sesame）也淪為S艇突擊下的犧牲者，她們拖曳著「桑椹」（Mulberry）海上人工港的組成配件。

當月，S艇還擊沉了兩艘同等級的對手，即MGB17號摩托砲艇與MTB448號摩托魚雷艇，並投下六十八枚水雷。六月二十二日至二十三日晚間，S130號、S145號與S168號載著二十四名軍官和重砲部隊的彈藥從聖馬洛（Saint Malo）航向瑟堡，因為陸上的交通已為美軍截斷。

諾曼第登陸期間，造成S艇隊最大損失的並非海上戰鬥，而是盟軍的空中攻擊。英國皇家空軍在六月十四日對哈佛爾港（Le Havre）的空襲就摧毀了三艘大型魚雷艦和十四艘快艇。先前，於六月十一日，S136號在作戰中沉沒；六月十三，S178號、S179號與S189號亦被戰鬥轟炸機擊沉。六月二十三日，S190號同樣遭遇空襲而喪身海底。

自S66號之後，德國的魚雷快艇都設置了裝甲指揮塔，以防範火力不斷強化的英國摩托砲艇的攻擊。

六月二十六日，第6快艇隊的八艘S艇從波羅的海抵達西北歐海域。增援的魚雷快艇以荷蘭的艾默伊登為基地。到了六月底，歐洲大陸西北岸的S艇數量為二十三艘，但只有十五艘準備好出擊。

此時，S艇配備了新式、更有效的T-5型鷦鷯（Zaunkönig）追音魚雷，她們還可搭載「海面搜索魚雷」（Flächenabsuchende Torpedo, FAT）的射控系統，讓投射的魚雷能夠以間接迂迴的路徑衝向目標。

然而，德國的魚雷供給趕不上S艇揮霍的速度。武器的短缺又因七月六日一大早於哈佛爾港的一起疑似破壞事件而惡化。那裡的魚雷堆置與檢修場發生爆炸，約有五分之一的魚雷遭到摧毀。

隨著盟軍在諾曼第建立起灘頭堡，德軍的處境愈來愈不利。不過，S艇仍繼續以小搏大，並重創敵人。她們於七月魚雷攻擊英國海軍的反潛驅逐艦特羅洛普號（Trollope），這艘戰艦的損壞情況十分嚴重，導致英國將她列為結構受損而報廢。

該月尾聲的時候，第6快艇隊的S91號、S97號與S114號冒險前往盟軍的灘頭堡外海作戰。七月三十一日凌晨一點二十二分，她們在東波爾納（Eastbourne）的東方攔截到一支護航隊，並投射六枚海面搜索魚雷，擊沉登記總重七千二百一十九噸的美國海軍貨輪桑瓦克號（Samwake），還命中另外四艘總噸位達二萬六千六百九十九公噸的船舶。

德國在一九四四年八月引進的新式T-3D型長程魚雷並未大幅提升S艇的戰績。八月四日與十五日的交火中，德國快艇隊總共投射了八十四枚T-3D魚雷，卻只擊中老舊的英國海軍巡洋艦佛比舍號（Frobisher）和掃雷艇維絲托號（Vestal），及美國海軍的五千二百零五公噸貨輪伊德斯萊號（Iddesleigh）與油輪信天翁號（Albatross）。

如同U艇隊的夥伴，德國S艇隊奮戰不懈，可是到了一九四四年底，德國海軍已經是回天乏力。在對抗一支英國近岸護航隊的戰鬥中，許多武裝運煤船和S艇都喪身海底。這次行動之後，德國魚雷快艇隊便無力再戰。

掃雷艇

德文的「Räumen」為清理之意，所以德國海軍稱

其近岸掃雷艇是「Räumboot」，又簡稱「R艇」。由於德國掃雷艇的尺寸夠大，她們也作為布雷艦，架上合適的武裝還可充當護航船。就是因為如此，德國的掃雷艇經常與英國海軍的船艦交火。如同S艇，她們亦以金屬為骨架再由木材打造而成。

首批的十六艘R艇於一九三○年代早期生產，長約二十六公尺，排水量僅有六十噸，推進裝置則採用雙螺旋槳柴油引擎，時速可達十七節。不過，自R17號之後，德國掃雷艇的尺寸便與S艇相當，儘管吃水線較高。另外，即使R艇的柴油發動機日益改良，她們的航速卻鮮少超過二十節。從一九三一年至一九四五年間，各型R艇總共量產了近三百五十艘。

R艇是為了掃除近岸的水雷而設計，所以起初武裝只有一門二十公釐防空機砲。然而，到了大戰晚期，R艇不但成為德國海軍的布雷艦，亦是防空砲艦。原先的編制船員為一位軍官和二十八或二十九名水手，隨著武裝的不斷升級，便增加到兩名軍官和三十六至三十八名手水。

在一九四四年，像是R401號即架設了一門三十七公釐防空快砲和三座雙聯裝二十公釐防空機砲，還有十二顆水雷。大戰末期所建造的八十三艘R艇的滿載排水量已達到一百四十八公噸，最大時速二十一節，約S艇航速的一半，續航力九百九十海浬。晚期型艇的全長為三十九‧四公尺，船幅五‧七公尺，吃水線一‧六公尺。

D日登陸戰的時候，德國約有五十艘至六十艘R艇可派去作戰，可是在哈佛爾港和布隆涅港的空襲中，十四艘R艇慘遭重創或沉沒。另外，R49號於六月六日至七日由哈佛爾港出發執行布雷任務時也遇上英國摩托魚雷快艇的攻擊而嚴重損壞。

難纏的對手

二次大戰期間，德國海軍的近岸快艇與掃雷艇證明是盟軍空中武力或水面上艦隊最難纏的對手。隨著戰局對納粹德國愈來愈不利，這群小型艦艇出海作戰是愈加危險。然而，如同U艇的戰友，S艇與R艇的隊員仍奮不顧身地，在配備火箭的盟軍戰鬥機和不斷徘徊的摩托魚雷快艇夾殺下出擊。

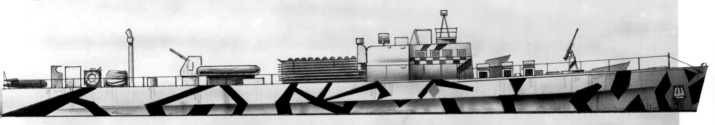

高速的鬥士

　　來無影去無蹤的近岸快艇於一次大戰期間即證明了她們的價值，可是在戰間期，只有德國與義大利海軍繼續發展這種小型船艦，其他的海軍強權則專注於主力艦的建造，尤其是英國。儘管英國海軍的近岸摩托快艇在一次大戰中極其成功，可是為了掌控遙遠的殖民帝國，他們依舊把重心放在大型的戰艦上。所以到了1939年，軸心國的快艇設計都比對手還要先進。

　　在戰間期，德國人當著協約國軍備監督機構的面發展S艇，還以水上運動俱樂部的彩裝來做掩飾。德國也是當時唯一對小型柴油推進器有興趣的國家，其他各國都生產不出令人滿意的快艇用柴油發動機，只得依賴高揮發性又危險的汽油引擎。

　　一般說來，快艇的外殼皆為木造，骨架則以木材或輕合金製成。因為只有木頭的重量夠輕，還可承受高速航行時的壓力。然而，由於近岸快艇的任務繁重，所以必需經常維修，她們的運作壽命也縮短不少。另外，21吋魚雷的發展亦影響了晚期型魚雷艇的設計；逼近戰則使快艇的火砲與機槍不斷改良以因應戰況需求。雷達的裝設是另一次大躍進，它在夜裡為搜索敵艇的利器。

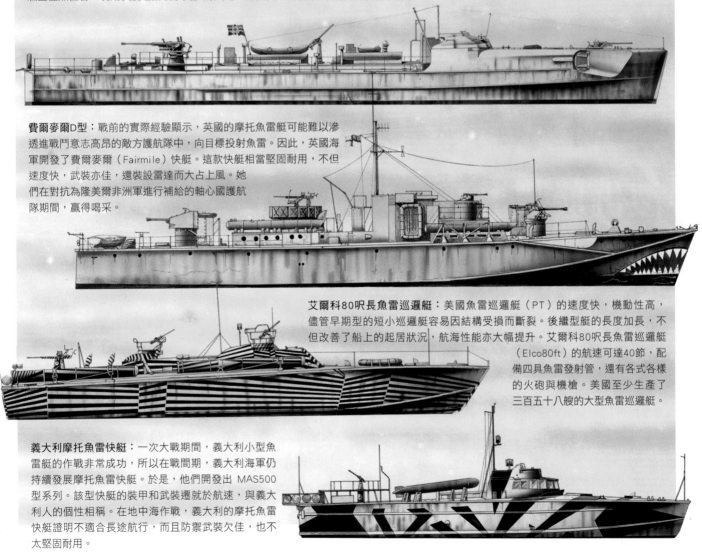

R艇：隨著二次大戰的進行，投入服役的德國R艇也擔任愈來愈多的角色。她們主要在波羅的海作戰，充當布雷艦或護航船。雖然R艇配備愈加強勁的柴油發動機，航速卻鮮少超過更具魅力的夥伴，即S艇的一半。

S艇：S艇的圓滑船底設計使她們在驚濤駭浪中亦能夠高速航行。晚期型的S艇（如圖所示）設置了厚重的裝甲與強大的武器，增高的前甲板則涵蓋住魚雷管。晚期快艇也搭載了更多的火砲，並強化魚雷管中央砲座的前射機砲火力。

費爾麥爾D型：戰前的實際經驗顯示，英國的摩托魚雷艇可能難以滲透進戰鬥意志高昂的敵方護航隊中，向目標投射魚雷。因此，英國海軍開發了費爾麥爾（Fairmile）快艇。這款快艇相當堅固耐用，不但速度快，武裝亦佳，還裝設雷達而大占上風。她們在對抗為隆美爾非洲軍進行補給的軸心國護航隊期間，贏得喝采。

艾爾科80呎長魚雷巡邏艇：美國魚雷巡邏艇（PT）的速度快，機動性高，儘管早期型的短小巡邏艇容易因結構受損而斷裂。後繼型艇的長度加長，不但改善了船上的起居狀況，航海性能亦大幅提升。艾爾科80呎長魚雷巡邏艇（Elco80ft）的航速可達40節，配備四具魚雷發射管，還有各式各樣的火砲與機槍。美國至少生產了三百五十八艘的大型魚雷巡邏艇。

義大利摩托魚雷快艇：一次大戰期間，義大利小型魚雷艇的作戰非常成功，所以在戰間期，義大利海軍仍持續發展摩托魚雷快艇。於是，他們開發出 MAS500 型系列。該型快艇的裝甲和武裝遷就於航速，與義大利人的個性相稱。在地中海作戰，義大利的摩托魚雷快艇證明不適合長途航行，而且防禦武裝欠佳，也不太堅固耐用。

復仇飛彈

隨著二次大戰的戰局對德國愈來愈不利，希特勒乃把希望放在一連串的「奇蹟武器」上，妄想他們能夠為第三帝國贏得最後勝利。儘管德國達成了一些實際的科學成就，可是打敗盟軍的幻想依然落空。

西元一九四四年六月十二日晚間，就在盟軍發動諾曼第登陸戰後六天，英國的空防觀測員聽到天空中有十分不尋常的聲響。吵雜、低沉的聲音是由一款小巧、十字形輪廓的航空器發出，它的尾部還拖曳著炙熱的火光。

這個不明飛行物體的速度極快，似乎朝向倫敦飛去。這群觀測員對它一無所悉，卻目睹著第一枚開創新型態戰爭的武器。

當戰局對納粹德國愈來愈不利之際，希特勒把注意力轉向孤注一擲的手段，企圖反將同盟國一軍。這個奇特的飛行炸彈正是希特勒的第一款復仇武器。不久，另一個更可怕的威脅，即彈道飛彈也將為同盟國的城市帶來毀滅。

隨著盟軍地面部隊勢如破竹地逼近第三帝國的邊境，希特勒和他的追隨者開始把希望寄託在這兩款「奇蹟武器」上。首先登場的V-1是一種無人駕駛的飛行炸彈，盟軍稱為「獅蟻」（Doodlebug）或「嗡嗡炸彈」（Buzz Bomb），它能夠裝載很重的彈頭，是為了打擊二百公里外的目標而設計。德國空軍的參謀認為這款武器幾乎無法攔截，但他們的看法並非正確。

然而，另一款威力無比的武器很快就加入V-1的行列轟炸英國，防衛者根本是束手無策。一九四四年九月八日，突如其來的大爆炸震撼了西倫敦奇斯威克（Chiswick）的居民。接下來幾個星期，盟軍才恍然大悟，「嗡嗡炸彈」並非是希特勒唯一的復仇武器：德國已經擁有超音速的V-2彈道飛彈。

V-1發射

史上第一款投入作戰的自動導引飛彈廣泛稱為V-1，字母「V」乃是德文「復仇武器」（Vergeltungswaffe）之意，所以又稱「一號復仇武器」。不過，這款飛彈的真正名稱為費瑟勒Fi103型，而且為了欺敵，它還有一個掩護代號，即「76型防空瞄準器」（Flak Zielgerät, FZG 76）。

V-1飛彈自一九四二年開始發展，該年帝國航空部的米爾希(Milch)授權進行新穎的「施密特脈衝噴射引擎」（Schmidt pulsejet）研究計畫，用來推動既便宜又容易量產的「飛行炸彈」。這款武器於一九四二年十二月二十四日首次試射，可是經過多次延宕，轟炸倫敦的行動才在一九四四年夏展開。

到了一九四四年四月，第155防空砲團（Flakregiment 155）已經進駐到法國，保護V-1飛彈發射站。不過，這個團的兵力短缺，導致發射站的建造工程一再受阻，直到六月六日盟軍登陸諾曼第之後，V-1飛彈和所有必要的補給品才火速運往發射區。

經過曠日費時的發展及準備工作，這個劃時代的武器終於在六月十二日至十三日晚間登場。然而，V-1首次作戰當天即出師不利，太多發射站受損，只有十枚飛彈成功發射，其中又有七枚墜毀。三天後，情況才大有改善。六月十五日至十六日晚，五十五座的發射站擊出了二百四十四枚飛行炸彈；到了六月二十一日，飛彈部隊已向英國投射一千多枚的V-1。

盟軍無法得知捉摸不定的「一號復仇武器」究竟會打向何方，但倫敦是最可能遇襲的目標。經歷過V-1轟炸的英國人絕對忘不了飛彈逼近時的恐怖情景。V-1飛抵目標上空之際，引擎會突然切斷，空中頓時一片寂靜。幾秒鐘後，當俯衝而下的飛彈碰撞到地面時，即轟然巨響地將建築物夷為平地。

空射的V-1

另外，V-1還可由亨克爾轟炸機來載運投射。儘管採用空射的飛彈數目不多，可是在一九四四年下半的大部分日子裡，這樣的作戰型態十分活躍。

V-1飛彈之役初期，德國空軍自認為非常成功。所有的總部皆致電恭賀，甚至還有先前反對這個計畫的軍官。希特勒也以為即將時來運轉，並親自批准再成立兩個V-1飛彈連。

盟軍空襲V-1發射站的成果不如他們預期的成功，轟炸運補線則較有效率。何況，運送V-1至發射站的路線已超出德國防空砲團的護衛能力之外。

對德國來說，更糟糕的是，英軍地面部隊開始由諾曼第灘頭堡向北突進，並沿途奪下飛彈發射站。到了一九四四年九月一日，德國這場代號為「廢棄物間」（Rumpelkammer）的飛彈攻擊行動不得不宣告結束。

兩個多月來，德國發射了八千五百多枚的V-1飛彈，可是轟炸成效並沒有德國人相信的那麼好。漸漸地，盟軍的戰鬥機、高射砲和防空汽球皆能夠反制V-1的來襲。

飛越英國南部海岸線的V-1幾乎有一半遭到戰鬥機或防空砲火摧毀，還有許多偏離了航道，於空地上炸開。不過，那些未受攔截的飛彈已奪走六千條性命，光是倫敦就有五千人罹難。

儘管「一號復仇武器」堪稱為世界上第一枚可運作的巡弋飛彈，卻只是相當粗糙的無人噴射機，有些德國空軍的參謀還認為這款武器可以取代轟炸機部隊。1944年6月至9月間，德國發射了八千多枚的V-1飛彈，可是有半數遭到英國的防空火砲與戰機擊落。

V-1的結構

德國發展V-1飛行炸彈的理由不是很明確。部分原因是為了因應德國空軍原先的任務需求，作為一款超遠程的火砲，支援國防軍發動閃擊戰。然而，當它投入服役之際，德軍已處於轉攻為守的態勢。

另一個原因則是這款武器的最高支持者了解，德國重型轟炸機的發展遠比盟軍落後，他們必須縮短研發與生產遠程軍備的時間，因此認為V-1飛彈是比人員操縱的轟炸機更廉價的替代品。無論如何，V-1飛彈以不可思議的發展速度向前邁進。

1942年，帝國航空部的部長艾爾哈德·米爾希元帥參訪了佩內明德（Peenemünde）的德國陸軍研究中心，他到那裡觀摩A-3型與A-5型火箭的發射展示。米爾希對陸軍的長程武器發展竟能取得如此的成果感到不悅，所以要求德國空軍亦設計長程飛彈與他們競爭。於是，一款構造簡單且能大量消耗的無人飛彈便以最快的速度製造出來。

位於卡塞爾（Kassel）的「蓋爾哈德·費瑟勒工廠」（Gerhard Fieseler Werke）草擬了一個粗糙的設計以滿足德國空軍的需求。費瑟勒的計畫是以阿爾古斯（Argus）As014型脈衝噴射引擎為基礎，作為飛彈的推進器。這款脈衝噴射引擎的概念非常簡易：進氣口吸入的空氣通過單向的活門，混合燃料後再加以點燃。

燃料爆發之際的衝力會關閉活門，並向後由所謂的「爐管」（Stove Pipe）噴發。一旦氣體壓力下降後，活門即再度打開。每秒鐘內，這樣的運作流程都會重覆數次。

費瑟勒的設計被稱為Fi103型，並為德國空軍總部採用。接著，一個研究小組 在前亨克爾工程師羅伯特·呂塞爾（Robert Lüsser）的帶領下開始設計機身和控制系統。另外，一個研發團隊也即刻於佩內明德成立，其領導工程師泰姆（Temme）被授予極大的權力，只要他認為有必要，即可調用一切所需的人力和物資。

於是，這個研發團隊打造出一款翼展五公尺長的武器。它實際上是無人飛機，阿爾古斯脈衝噴射引擎則裝置在機身尾部上方。

簡單化是V-1的設計重點。德國空軍規定飛行炸彈必需容易組裝或維修，而且要用最少的配件。這款飛彈的前端有一個小型的風車以驅動測距儀。測距儀可測定航程，當V-1飛到預設的距離時，控制系統就會切斷引擎燃料的供給，然後令飛彈進行俯衝。儘管空氣測距是非常不準確且難以掌握的方法，卻證明足以讓飛彈擊中如

一枚完整的V1重大約2公噸，一般來說是放在活動台架上，由人力推至發射坡道前的準備位置上。

倫敦這麼大的目標。

另外，德國空軍同樣在佩內明德設立了E8部門，其任務是設計飛彈的發射架、補給車輛和其他附屬設備。發射架十分重要，因為飛行炸彈於升空之前，脈衝噴射引擎就必須產生足夠的運作推力。

為了讓飛彈順利升空，它被架在一座設有化學反應活塞彈射器的傾斜滑軌上。研發人員花不到一個月的時間，即從首次滑行測試躍進到動力試射，於1942年的耶誕節進行。

接下來的幾個月裡，德國測試了多枚V-1飛彈，有些還射到瑞典的南海岸。1943年7月，一枚V-1甚至飛越200公里的距離之後，成功落在離預定目標不超過800公尺的範圍內。

費瑟勒Fi-103（V1）標準型

長度：8.32公尺	最大速度（後期型）：每小時800公里
翼展：5.3公尺	航程：240公里
起飛重量：2180公斤	彈頭：830公斤阿馬托炸藥

V-2的設計

德國打算擴大A-5型火箭的尺寸,製造出一款實際可行的軍用飛彈,可是它的開發過程十分令人氣餒。因為這枚測試火箭的重量只有1,000多公斤,作為武器的A-4型火箭的預計投射重量則高達12.5公噸;原先A-3型火箭的引擎推力約1,500公斤,而A-4型的推力卻必需超過25公噸。

A-4火箭的外殼以鋼板打造,每塊鋼板則使用鉚釘接合。儘管工程師也用過輕金屬來製作外殼,可是在超音速飛行中,他們無法承受航空力學上或重力上的強大壓力。

它的外形一般認為是以陸軍的7.92公釐步槍子彈為基礎來設計,因為這款子彈在超音速飛行時的彈道路徑相當穩定。

該火箭透過燃燒乙醇與液態氧氣的混合體來產生動力。燃料槽內注滿5公噸的乙醇和4公噸的液態氧氣,足以供應火箭70秒鐘左右的動力飛行。

到了A-4發展出來之際,其時速超越了5,500公里,最大高度還可達到90,000公尺。

然而,A-4的燃料消耗量十分可觀:每秒約100公斤。它的燃料是透過一具重量很輕的蒸汽渦輪機注入燃燒室,這個渦輪機的運轉動力則由過氧化氫與高錳酸鈣的爆炸反應來驅動。

另外,火箭的導引與控制是比引擎還難以解決的問題。要維持火箭筆直地發射,就像把一根棒子垂直放在手掌上保持平衡一樣困難。在平衡中,必須時時測出任何變化,然後做正確的動作來維持其穩定。

迴轉儀即是用來檢測火箭姿態任何變化的工具,它作為指示器引導火箭噴嘴底部的小型葉片。這些葉片由可耐高溫的石墨製成,以液壓隨動控制,在火箭處於低速狀態下,能夠調整推力的方向。當火箭進入高速飛行時,則由傳統的平衡翼來控制與穩定投射體。

理論雖然簡單,控制系統卻得在發射過程中即刻因應狂風等變數。它必須一直維持火箭的正確角度,設定好不偏不倚的彈道飛行路徑才會使投射體命中目標。

何況,當火箭的加速度突破音障之際,控制系統還得應付航空力學上的變化;此外,燃料的逐漸消耗使得火箭重量變輕,以及投射體隨著高度的增加導致地心引力的改變,亦是控制系統必須處理的因素。

另一方面,當時的自動導航技術仍十分原始,所以研發團隊創造出世界上第一個電腦模擬系統,試圖解決導引的問題。然而,這也是困難重重,首批V-2所裝置的過渡時期自動導航器,並不合乎德軍的要求。

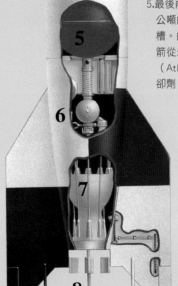

7.乙醇與氧氣是由一個環狀注射器輸入燃燒室,並透過電來點然。

8.設置於噴嘴底部的幾塊小型石墨葉片是用來調整噴射氣流的方向,以維持飛彈的平衡。一旦V-2達到高速狀態之後,才由傳統的穩定翼來控制飛行。

1.V-2飛彈的頂端裝置了一個觸地引信,可引爆910公斤的彈頭,內含硝酸胺與三硝基甲苯混合的強力炸藥。儘管德國還打算開發一款掠地引爆的信管,卻未成功。

2.彈頭之後為主設備艙,包含加速度計、遙測器和迴轉儀系統,由液態氮來冷卻。

3.上方的燃料槽裝滿了4公噸的乙醇,由玻璃棉隔絕。在發射前六個小時的準備程序中,燃料槽才會注滿乙醇,接著再把飛彈升到發射台上。

4.乙醇經由上方燃料槽底部的活門注入飛彈的主燃料供應管,這個供應管則通過主液態氧氣槽。燃料供應管同樣有嚴密的隔絕設計。

5.最後兩個小時的發射程序中,超過5.5公噸的液態氧氣才會注入主液態氧氣槽。由於該槽被層層隔絕,所以A-4火箭從未發展出如同戰後「亞特拉斯」(Atlas)彈道飛彈一樣的典型塗霜冷卻劑。

6.燃料是由一具蒸汽渦輪機高壓抽取。這個渦輪機則透過揮發性強的Z原料(高錳酸鈣)與T原料(過氧化氫)相混合所產生的化學反應來驅動。高壓注入燃料系統是為了讓火箭能夠以全速動力飛行而設計。

一開始，V-1飛彈是由建造於巴德加萊的大型混凝土滑坡道上發射，可是他們很容易被空中偵察機發現。盟軍密集的空襲摧毀了大部分的發射站。後來，V-1便直接由簡易的木製發射架上投射。

V-1飛彈於行進時，遭到一架英國皇家空軍的超級馬林噴火式戰鬥機以翼端打翻而失去控制。V-1飛彈的時速高達400哩（690公里），接近活塞引擎戰機於低空飛行的速度極限，但晚期型的噴火式、野馬式與暴風式（Tempest）戰鬥機和新型的流星式噴射機都有能力擊落這款武器。共有一千八百四十七枚V-1遭戰機成功攔截。

儘管盟軍能夠以傳統的方法截擊V-1飛行炸彈，他們對V-2卻是莫可奈何。這款巨型飛彈的速度是如此之快，在不幸的受害者聽到它俯衝時的嘶啞聲音前，就已把目標炸成一堆廢墟。

V-2的真正名稱為A-4型火箭，由「佩內明德祕密武器研發中心」製造，無疑是科技史上最偉大的突破。V-2發展出來之後，沒有任何武器能夠對付得了它。儘管如此，納粹德國依然逃不過被擊敗的命運。的確，開發V-2的龐大資源或許能夠挪做更有效的運用。

長期研發

雖然V-2比德國空軍的V-1還要晚問世，但實際上，它的發展較早起步。受到赫曼‧奧伯斯（Hermann Oberth）的科學著作激勵，德國人開始研究液態燃料推進的火箭。試驗於一九二〇年代即展開，由「太空飛行協會」（Society of Spaceflight, VfR）的一群熱衷者推行，首要工程師之一為年輕的普魯士貴族魏納‧馮‧布勞恩（Werner von Braun）。

到了一九三四年，火箭的軍事用途引起德國陸軍的興趣，因為凡爾賽和約禁止他們製造長程火砲，卻對火箭沒有任何限制。軍方的支持代表研究團隊能夠獲得更多的資金發展大型火箭，並於庫莫斯朵夫（Kummersdorf）一處廢棄的長程火砲試射場建立研發中心。陸軍的科學小組是由華爾特‧多恩貝爾格上尉（Hauptmann Walter Dornberger）領導，他後來晉升為將軍。一九三七年，這個火箭研發中心移往偏僻的佩內明德，位於波羅的海沿岸。在那裡，他們製造並測試了愈來愈巨大的火箭。

V-2檔案

巨大A-4火箭的設計在一九四一年底完成，第一枚則於一九四二年六月十三日升空，卻發射失敗而炸毀。第二枚A-4在八月十六日試射，儘管不是很成功，卻為史上第一枚比音速還快的動力推進火箭。下一枚A-4於十月三日發射，並以全速飛行了一分鐘左右，射程長達一百九十公里（一百一十八哩）。希特勒對它的性能感到滿意，下令生產一千枚，並命名為「二號復仇武器」，即V-2飛彈。

不久，驚人的量產計畫展開，原先是在佩內明德製造，但英國皇家空軍於一九四三年八月攻擊研究中心之後，生產線便移往巨大的「中部地下奴工廠」（Mittlewerke）。

德國陸軍的火箭部隊在一九四四年秋準備好作戰。V-2於九月六日首次大顯神威，當時有兩枚飛彈射向巴黎；兩天之後，對倫敦的轟炸旋即展開。英國政府先前才向首相邱吉爾報告，這種飛彈無法製造出來，皇家空軍不應浪費時間與資源，尋找不存在的武器。所以，倫敦當局一度還向大眾說明，大爆炸是因

天然氣管線破裂而起。

數天內，德國發展出巨型飛彈的消息獲得證實，可是盟軍即將贏得勝利。儘管如此，倫敦的居民幾乎快要習慣超音速的V-2從遠方發出如雷的低沉隆隆聲，接著又是一陣震耳欲聾的大爆炸。

德國總共投擲了一千三百多枚的V-2飛彈，大部分是由荷蘭海牙附近的森林裡擊出，但有些是從市區內發射。而且諷刺的是，發射站就在離市中心具有歷史意義的「和平宮」（Palace of Peace）不遠之處。

約百分之九十的V-2飛彈成功抵達英倫諸島，殺害了近三千名無辜平民，並造成極大的破壞。一百枚左右的飛彈則在空中爆炸或是因導引系統失靈而偏離航道，甚至有一枚飛彈向東飛去，墜毀在威斯巴登（Wiesbaden）附近。

攻擊安特衛普

步步逼近的盟軍地面部隊迫使德軍撤離比利時與荷蘭的北海港口。德國最高司令部遂決定動用復仇武器，不讓盟軍占領這些港埠，好為他們的部隊進行補給。

很快地，V-1飛彈發射站移往艾菲爾（Eifel）的山區，並準備好攻擊安特衛普（Antwerp）、布魯塞爾（Brussels）和列日，作戰行動於十月二十一日展開。比利時攻防戰期間，德國投擲了超過八千枚的飛行炸彈。

然而，德國的飛彈攻擊並未達到實際上的軍事效果。這主要是因為美國陸軍部署了高效率的雷達指引防空砲，他們宣稱擊落百分之九十五的V-1飛彈。

另外，V-2同樣參與了比利時攻防戰，一千三百多枚的飛彈射向安特衛普，造成嚴重的破壞。不過，V-2的轟炸依舊無法阻礙盟軍源源不絕的補給經由這個港口上岸。

一九四五年初，一些V-1由兩百哩的射程範圍襲擊倫敦，可是不再像先前那麼活躍；而V-2則持續轟炸歐洲大陸上的目標，直到所有的復仇武器於三月二十七日中止行動。

德國總共生產了三萬枚的V-1飛彈，約有一萬八千枚於作戰中擊出，其餘的大部分在工廠裡或是於運送途中被摧毀，還有幾百枚在戰爭結束之際於地下工廠內被發現。此外，德國所製造近一萬枚的V-2飛彈當中，超過四千枚射向盟軍的目標。

V-2飛彈的導航裝置於1943年初是在佩內明德南部的工廠裡生產。照片中的前期量產型A-4火箭是於該年中期打造，他們展示了至少三款偽裝彩設計。然而，1943年8月17日晚間，英國皇家空軍發動猛烈的空襲，導致那裡的生產線停擺。

浪費金錢？

儘管復仇武器的威力無窮，但最後仍無法為希特勒復仇。這些飛彈的研發與生產消耗了納粹德國龐大的資源，可是未換得應有的軍事成果。

V-1飛彈的潛力從未徹底發揮，這是由於第三帝國內部高官的私人恩怨和各部門間的惡性競爭所導致。領導階層的權力鬥爭是司空見慣的事，資深軍官們花在勾心鬥角的時間，勝過對付共同的敵人。

不過，V-2飛彈確實有更深遠的影響力。它是火箭史上最有成就的發明之一，並是戰後所有國家彈道飛彈發展的基礎。戰爭尾聲之際，攻占佩內明德研究中心的蘇聯軍隊盡可能地俘虜了許多科學家，他們對蘇聯的飛彈發展將有極大的助益。

登上月球之路

同樣地，由於德國科學家的貢獻，美國的火箭發展也向前邁進了一大步。美軍在一項稱為「迴紋針計畫」（Project Paperclip）的行動中圍捕了不少德國頂尖科學家，他們被送往大西洋的彼岸，組成一個研發團隊的核心，並開發出第一枚洲際彈道飛彈。

V-2飛彈的幕後最大功臣，魏納‧馮‧布勞恩博士還激勵了美國的太空計畫。經過二十年的努力之後，人類終於登上月球。

納粹黨衛軍對復仇武器的研發計畫十分感興趣，在他們的協助安排下，生產線移往諾德豪森的地下大型兵工廠。那裡是由朵拉（Dora）集中營的奴工來製造武器配件，上千名的奴工不堪疲憊而死亡。照片中這枚未完成的V-2飛彈是在美國陸軍占領該座兵工廠之後，於主隧道內發現。

瞄準倫敦

德國的V-1和V-2飛彈都是二次大戰時期最尖端的武器，事實上，他們太過先進使得當時的導引技術無法與其性能匹配。儘管名義上，德國宣稱這些飛彈的精準度誤差為幾百公尺，但實際的情況是，若他們能夠落在距離目標五公里的範圍內就算是十分幸運的了。對德國人來說，幸好倫敦這個目標夠大，使得V-1與V-2有很高的機會命中它。1944年6月至1945年3月間，二千四百一十九枚的V-1重創了倫敦，卻另有三千四百零三枚墜落於城外；同一時期，五百多枚的V-2蹂躪這座城市，可是有差不多數量的飛彈錯失了目標。

許多V-1遭到部署在肯特郡海岸線的防空砲摧毀。上百門火砲由雷達指引，於V-1的行經路線上施放密集的榴霰彈彈幕。英國防砲部隊共打下一千八百枚的飛行炸彈。

突破英國防空火網的任何飛彈仍會遭受盟軍戰鬥機的追擊。照片中，這架英國皇家空軍第486中隊的霍克暴風式（Hawker Tempest）正準備向前方的V-1開火，該中隊宣稱擊落了二百二十三枚的飛行炸彈。

一枚V-1飛行炸彈，它的引擎已為自動導引系統切斷，使得彈頭朝下，向倫敦西區進行俯衝。幾枚V-1擊中擁擠的商店或公寓區，造成慘重的傷亡。

裝載一公噸的高爆彈，以音速四倍的速度撞擊到地面的結果就如照片中的情景一般。一枚V-2飛彈於1944年10月底落在倫敦的市郊，摧毀了一整排的房屋。

戰車殺手

西元一九四一年夏，戰無不勝的德國裝甲部隊慘遭蘇聯T-34戰車的重創而如夢初醒，他們迫切需要一款裝置重火砲且能大量生產的便宜裝甲車輛，「戰車殺手」於焉誕生。

　　在一九四四年十二月的突出部之役，即希特勒於西線戰場上的最後大反攻中，德國宣傳部門獲得最後一次炫耀其裝甲部隊雄風的機會，並為世人展現他們擁有多麼了不起的戰鬥車輛。

　　為了扭轉頹勢，德國國防軍最強大的戰車紛紛出籠，有些尺寸幾乎是英國和美國對手的兩倍。不過，許多戰車並非傳統的設計，德國人稱之為「戰車獵手」（Panzerjäger），即沒有裝設旋轉砲塔的「驅逐戰車」（Jagdpanzer），他們的主砲是架設於相當傾斜的車身前裝甲上。德軍的驅逐戰車已在諾曼第登陸戰中展現其可畏的力量，例如配備八十八公釐砲的獵豹戰車（Jagdpanther）能夠於二千公尺的距離擊毀盟軍對手。由於他們的車身低矮，躲藏在森林裡掩蓋上巧妙的偽裝，即使開火，敵人還是很難察覺其所在。

　　阿登森林作戰期間，德軍派出獵豹戰車發動攻擊。他們沿著森林裡白雪覆蓋的小徑向前挺進，一群裝甲擲彈兵則騎乘在這款驅逐戰車寬敞的裝甲上。其他新一代的戰車獵手還包括四號驅逐戰車（Jagdpanzer IV），即一款無砲塔的四號戰車衍生型。該型戰車同樣容易隱藏身軀，並配備一門八十八公釐砲。驅逐戰車是為了防禦戰而設計，低矮的輪廓使他們最適合進行埋伏奇襲。參與突出部之役的尚有龐大的獵虎戰車（Jagdtiger），改裝自虎II式戰車（虎王戰車）的車體，砲塔則換成箱形裝甲結構，內部設置一門一二八公釐口徑的巨砲。

驅逐戰車

　　獵豹戰車與四號驅逐戰車皆是二次大戰期間最出

色的戰鬥裝甲車之一，能夠挑戰占有數量優勢的盟軍戰車，並徹底摧毀他們。不過，「戰車獵手」的概念是在孤注一擲的情況下發展出來，並非是具有前瞻性的設計，最後它反而成為德國工業衰微的象徵。

德軍在一九三九年發動戰爭之際，擁有兩款輕型戰車（一號與二號戰車）和兩款中型戰車（三號與四號戰車）。儘管六噸重的一號戰車於西班牙內戰期間嶄露頭角，充其量只是一款訓練用的裝甲車輛。然而，由於希特勒太早宣布開戰，這批裝甲車也被迫上場戰鬥。一號戰車只配備兩挺機槍，而且裝甲薄弱，無法有效壓制敵方的戰車。不過，有些一號戰車經過改裝，拆除了機槍塔，改設一門捷克製的四十七公釐Pak(t)型反戰車砲，充當「戰車殺手」（Tank Killer）。該型捷克製反戰車砲是比德軍標準的三十七公釐Pak38型砲還要強大的武器。德國於一九三八年至一九三九年併吞捷克斯洛伐克之後，奪取了上千門的四十七公釐火砲。

然而，這款戰車殺手的成員僅有砲盾的保護，容易被敵火殺傷。況且，它的車身裝甲最厚也只有十三公釐而已，反戰車砲的砲彈能夠輕易貫穿。儘管如此，一號驅逐戰車仍發配到德國裝甲師的一些反戰車營裡，作為一款比拖曳式火砲機動性更高且難以反制的武器。德軍在一九四○年接二連三地贏得勝利之後，又生產了一百輛左右的一號驅逐戰車，並部署到北非和蘇聯作戰，直到一九四二年。

T-34恐慌

一九四一年夏，向蘇聯發動進攻的德軍遭遇突如其來的打擊。蘇聯的最新型戰車，即T-34中型戰車與KV-1重型戰車各方面的性能皆勝過德軍任何對手。這批蘇聯戰車的防護力佳、火力強大，而且配備強勁的柴油引擎和寬闊的履帶，所以能夠於沼澤地帶、泥濘或雪地上行進。德國國防軍不得不趕緊為三號戰車與四號戰車的武裝升級，他們還利用許多老舊的輕型戰車車身加裝大口徑的火砲，作為過渡時期的替代品。由於早期驅逐戰車的反戰車砲都是裝在砲盾後方，而非砲塔內，因此可搭載比他們原先設計更重的武器。結果，一系列為特定目的而打造的戰車殺手就此誕生。

德軍的貂鼠式戰車（Marder）是在二號戰車或38(t)型戰車底盤的戰鬥艙上裝置七十五公釐砲的戰車殺手；同樣地，大黃蜂式戰車（Hornisse）則以四號戰車為底盤，設置箱形裝甲結構，並架上八十八公釐砲。大黃蜂式驅逐戰車在希特勒的命令下更名為犀牛式（Nashorn），後來還開發出另一款衍生型車，即野蜂式（Hummel）一五○公釐自走砲。

一九四一年至一九四二年冬季，當德國的「東部陸軍」（Ostheer）正為他們的生存而戰之際，各式各樣的戰車殺手接二連三地出籠，有些是正式的衍生型，其他則為臨時性的改裝車。另外，德軍也在擄獲的不少法製戰車砲塔上改裝反戰車砲，或是於半履帶車上架設鍋爐狀的裝甲和Pak40型砲，充當權宜之計的

70噸重獵虎式驅逐戰車為二次大戰時期最大的戰鬥裝甲車輛。它是由虎王戰車改裝而來，裝置超強的128公釐砲。不過，這款驅逐戰車為失敗的設計，即使在防禦戰中，表現亦不盡理想。

二次大戰初期，由於德軍缺乏戰車的底盤，所以不得不採用完全過時的一號輕型戰車，充當驅逐戰車的車體。當時，一款常見的衍生型車架設了一門捷克製的47公釐反戰車砲，三名成員只有砲盾的保護，從上方或後方襲來的榴霰彈很容易擊殺他們。德國約生產了四百輛的一號驅逐戰車。

這張隆美爾於1944年初視察法國防區時的照片,展示了一輛奇特的戰車,它是以法國霍奇基斯(Hotchkiss)H39型為底盤打造的貂鼠式I型。這款貂鼠總共只生產了二十四輛,配備一門75公釐Pak40型反戰車砲,加裝砲口制退器,唯有法國占領區才看得到他們的身影。霍奇基斯貂鼠I型驅逐戰車主要執行維安任務,並短暫參與過諾曼第之役,對抗盟軍。

德軍的應急裝備

德軍在1939—1940年以雷霆萬鈞之勢征服西歐各國,他們對於自走砲的需求很快就超越了工廠的生產能力。1939年的德國經濟規模尚未準備好因應戰爭的到來,數目不斷增加的裝甲師使得製造戰車的工廠不堪負荷,這也代表德軍必須設法湊出他們所能找到的一切資源來應急。

德國陸軍迫切要求再多成立幾個機械化砲兵,以就近支援迅速推進的裝甲部隊。在1940年的時候,德軍大部分的火砲仍為拖曳式,而且仰賴馬匹運輸。因此,德國國防軍的砲手只得勉強使用一系列不合適的應急自走砲或驅逐戰車,支援裝甲部隊作戰。德國人善加利用他們所擄獲的大批武器,並開發出一連串非常規的衍生型戰車。

德國兵工廠裡發展出來的新式裝備幾乎全被送往東線戰場,所以西線占領區的防衛武器長期以來都是使用1940年擄獲自英軍和法軍的裝備。雖然許多改裝戰車看起來像是詭異的突變產物,而且作戰效能經常備受質疑,但對操縱人員來說,有總比沒有還好。

察爾B1型是法軍在1940年所配備的最大型戰車,可是它的戰力卻因一人砲塔的設計而被低估。厚重的裝甲與合理的速度使得這款法製戰車成為德國機動砲兵部隊十分有用的武器,儘管它的外形不太雅觀。察爾B1型驅逐戰車的改裝包括移除了原先的旋轉砲塔,由固定式裝甲結構取代,內部裝設一門105公釐榴彈砲。威力強大的105公釐榴彈砲亦架設在霍奇基斯戰車的底盤上。

反戰車武器。然而,這些特殊車輛的產量都很少,儘管幾款戰車的性能還不錯,但有的車身太高,有些則不太可靠。

大戰爆發之前,德軍旗下已有一批無砲塔的戰車在服役,他們被稱為「突擊砲」(Sturmgeschütz,StuG)。三號突擊砲(StuG III)是以三號戰車的底盤開發而來,卻在完全涵蓋住戰鬥艙的箱形裝甲結構內,裝設一門短管的七十五公釐步兵支援砲。這種戰車的設計目的是為步兵提供直接的火力支援,同時充當「正統」的戰車對付敵方裝甲車。「突擊砲」的概念在一九三五年由前砲兵單位,日後則擔任裝甲部隊指揮官的埃里希‧馮‧曼斯坦(Erich von Manstein)將軍提出,突擊砲連於一九四〇年首次登場作戰的時候是由砲兵人員,而非裝甲部隊的戰車兵操縱。德軍進攻蘇聯之際,突擊砲的戰力已擴展到九個連,並迅

速增加當中。由於三號突擊砲的配件比有砲塔的三號戰車還少,所以容易維修,性能也更加可靠。少了砲塔而減輕的重量,則可讓它的正面裝甲增厚至五十公釐。

突擊砲

一九四一年至一九四五年間,德國總共生產了八千多輛的三號突擊砲。如此的量產速率加上該型戰車的可靠性能,代表一九四三年至一九四四年在蘇聯作戰的「戰車」有三分之一,甚至達一半實際上為突擊砲。由於德國裝甲部隊的戰車經常短缺,導致突擊砲營被用來補編戰車單位,儘管他們原先的目的是密接支援步兵。

一旦換裝長管的七十五公釐砲,三號突擊砲的火力便能夠與一般的戰車匹敵,而且可以更輕易地摧毀

一輛配備75公釐反戰車砲且加設裝甲襯裙的三號突擊砲F型。這輛戰車部署在義大利的薩萊諾（Salerno），企圖阻止盟軍部隊登陸。三號突擊砲是以三號戰車為底盤開發出來，駕駛座的位置沒有改變，但後方新設了一個非常狹窄的戰鬥艙，在裡頭作戰十分不好受。

突擊砲出動！

突擊砲是為了因應1936年德國國防軍的作戰需求而開發，他們乃作為步兵的支援裝甲車，在1940年於法蘭西之役中首次登場，其後便在所有的戰區擔任自走砲和驅逐戰車的角色。

突擊砲原本依附於裝甲擲彈兵旗下，後來德國工業領導當局卻決定整合突擊砲至裝甲部隊裡。這是財政上的考量，並非戰術性的決策。由於突擊砲沒有旋轉砲塔，所以不可能成為傳統戰車的替代品，其優點是能夠配備更強大的火砲和更厚重的裝甲。

在一場典型的裝甲進攻中，突擊砲會擔任多重角色。他們先施

放彈幕削弱敵人的力量，再加入向前挺進的主力戰車群，蹂躪敵軍陣地。突擊砲的強大火力，能夠摧毀碉堡或設防的建築物，若敵方戰車現身，則可充當戰車殺手。然而，若他們遭受側翼突擊，砲口固定前射的突擊砲明顯處於不利之地。

由於非傳統戰車和固定式火砲平台的數量愈來愈多，使得德國裝甲部隊的作戰效率大打折扣。然而，儘管突擊砲的能力有限，他們仍持續發揮最大戰力直到戰爭結束。

在蘇聯作戰的黨衛軍裝甲師，阿道夫·希特勒親衛隊師的三號突擊砲，拍攝於1942年春。後來，這個單位由於損失慘重而撤到法國整編換裝。突擊砲的角色是密接支援車輛，非戰車的「替代品」（Ersatz）。車身低矮的突擊砲於行駛期間，車長與填彈手通常會站起來，他們的上半身全都暴露在外，由此可見突擊砲內部的空間是多麼狹窄。照片的前方則是一輛一號驅逐戰車——以一號戰車為底盤打造的戰車殺手。

敵軍的步兵陣地。

德軍將突擊砲充當普通的戰車為資源的濫用。突擊砲沒有旋轉砲塔，僅依賴射角有限的反戰車砲作戰，使他們在機動倏忽的戰車戰中十分不利。況且，突擊砲與敵人的戰車交火之際，步兵們就得不到火力的支援。一般說來，突擊砲較受德軍步兵的青睞，因為像是著名的虎式重型戰車太消耗燃料，限制了他們的作戰範圍。何況，步行的士兵經常在最需要戰車支援的時候，虎式卻中斷行動前往加油。

一九四三年，希特勒拖延了庫斯克之役，直到德軍的戰車部署好的時候才在夏季展開。此刻，德國擁有二百輛的新型戰車，即五號豹式中型戰車及一百四十七輛的虎I式重型戰車。甚至是研發時期與虎式戰車相競爭的失敗設計也被派上用場，八十九輛完成車身的保時捷重型戰車於固定戰鬥艙內裝置八十八

公釐反戰車砲，發配到兩個重驅逐戰車營裡。這批戰車有些因機械故障而損失，有些則遭英勇無比的蘇聯反戰車步兵摧毀（這證明未架設車身機槍是嚴重的疏忽）。殘存的驅逐戰車後來運往義大利，作為長程反戰車武器。

獵豹與獵虎

一九四四年間，德軍接收到最致命的戰車獵手。工程師拆除了豹式戰車的砲塔，並將八十八公釐砲裝設於戰鬥艙內，開發出獵豹驅逐戰車。這款戰車的戰鬥艙有一百公釐厚的正面裝甲保護，加上它的傾斜角度足以抵擋絕大多數盟軍戰車砲的遠程射擊。而且，獵豹戰車的重量只有四十六噸，其六百九十四馬力的引擎於全速行駛下可達每小時四十六公里，最遠行程則約一百六十公里。堅固耐用的四號戰車亦經過類似

配備強大的88公釐砲，擁有出色的機動性和低矮的雅緻輪廓，如果部署得宜，獵豹戰車就是可畏的對手，儘管它的作戰效率由於主砲射角有限而大打折扣。總體來看，獵豹戰車可説是二次大戰期間最傑出的驅逐戰車。

的改裝而成為四號驅逐戰車。這款驅逐戰車俗稱「古德林的鴨子」（Guderian's Duck），重約二十五噸，配備三百匹馬力引擎，最快時速四十公里。四號驅逐戰車的正面傾斜裝甲厚達八十公釐，盟軍戰車的火砲同樣難以貫穿；更具戰術優勢的是，它的高度僅有一・八五公尺，很容易隱藏起來。然而，德國在一九四四年至一九四五年間只生產了約四百輛的獵豹戰車和一千輛的四號驅逐戰車，全部數量還不及美國M4型薛曼戰車或蘇聯T-34型戰車單月的產量。

另外，德國亦計畫在改良的獵豹戰車上裝置更強大的火砲，可是戰爭結束前，並未見到任何衍生型車投入服役。不過，到了一九四四年底，德軍有兩個營的獵虎戰車登場作戰。這款驅逐戰車改裝自配備八十八公釐砲的虎王戰車，卻以側面平坦的固定式箱形裝甲結構取代旋轉砲塔，再架上可畏的一二八公釐

砲，能夠從很遠的距離摧毀蘇聯的重型戰車。然而，這個龐然大物的重量超過七十噸，機械性能十分不可靠，而且獵虎戰車和虎王戰車一樣耗油，當時德軍正為這項戰略資源的短缺苦惱。若要將一輛故障的獵虎戰車拖回，另一輛必須馬力全開才拖得動，並經常導致第二輛也故障。此外，德軍標準的架橋設備都無法承受它的重量。儘管獵虎厚達二百五十公釐的正面裝甲幾乎使這款驅逐戰車刀槍不入，大部分卻因為機械故障而被迫遺棄。

小巨人

二次大戰期間，德軍最成功的戰車殺手並非巨大的驅逐戰車，而是小型的追獵者式（Hetzer）。它是一款由老舊的捷克製38(t)型戰車底盤改裝成的輕巧驅逐戰車，高度不超過兩公尺，重量少於十六噸，可是上面架設的七十五公釐砲卻能擊毀大部分的盟軍戰車。以德軍的標準來看，這款「外來車種」的數量非常龐大，到了一九四五年初，斯克達工廠已生產了二千五百輛左右的追獵者式驅逐戰車。

隨著戰車獵手的數量愈來愈多，突擊砲的成員便轉而駕駛這些驅逐戰車，他們的作戰經驗比較豐富，能夠帶領新手上場作戰。擔任德國裝甲部隊監察長的海因茲・古德林將軍在一九四四年至一九四五年期間，計畫整合突擊砲與驅逐戰車部隊，步兵師將會接收到幾個連，或整個營的無砲塔戰車。

正如同戰車獵手是德軍面對蘇聯裝甲巨獸而處於劣勢下發展出來，英國和美國戰車部隊在敵不過德軍中型與重型戰車的情況下，亦仿傚對手開發出一系列的驅逐戰車。西方盟軍的戰車一般裝甲薄弱且火力欠佳，所以英國人在舊式的華倫泰（Valentine）戰車底盤上裝置強大的十七磅反戰車砲，命名為射手式（Archer）戰車，於一九四四年至一九四五年投入戰場。美國陸軍裝甲師的戰車營已配備了架設七十五公釐反戰車砲的M3型半履帶車，卻仍發展性能升級的M10型與M36型驅逐戰車。這批戰車設置三百六十度的旋轉砲塔，儘管裝甲輕薄，而且沒有頂蓋。

「動物獵手」

蘇聯人為了對抗新式德軍戰車，展現更積極有效的作為。到了一九四三年夏，他們已設計出一款於KV-1重型戰車底盤上架設一五二公釐（六吋）榴彈砲的ISU-152型驅逐戰車／步兵支援車。威力無比的ISU-152在成功擊殺豹式與虎式這些「貓科動物」之後，乃被稱為「動物獵手」（Animal Hunter）。自一九四四年起，蘇聯又相繼派出大批的SU-85型與SU-100型驅逐戰車上場，他們以T-34為車體，分別架設高砲口初速的八十五公釐和一百公釐反戰車砲。

驅逐戰車的概念於戰後持續發展下去，例如西德

挺進中的三號突擊砲。德軍突擊砲的成員被認為是砲兵單位的菁英份子，他們穿著特殊的灰色野戰服。到了1944年春，德國的突擊砲共擊毀了兩萬輛的敵軍戰車。至1945年3月的時候，各型三號突擊砲的總產量已達到九千五百輛。

一個砲兵連的四輛野蜂式自走砲準備向蘇聯大草原上的目標開火，拍攝於1942年。配備150公釐砲的野蜂式為首批「混種戰車」之一，結合了三號戰車與四號戰車的組件。這幾輛自走砲集中在一起又無精巧的偽裝，顯示德國空軍當時仍占有空中優勢。

德國軍備部部長艾伯特‧史貝爾正在試乘一輛虎式戰車的底盤。儘管史貝爾非常能幹,不斷提升軍火工業的產量,可是德國兵工廠生產的戰車數量仍舊彌補不了戰鬥的損失。結果,德國設計出幾款能夠填補數量缺口的精簡版戰車,卻也讓裝甲部隊的作戰效率下滑。

陸軍所訂購的第一批戰車當中就有一款是以輕型裝甲車為底盤的戰車獵手,它的九十公釐反戰車砲同樣裝在十分傾斜的正面裝甲上,是升級版的突擊砲。瑞典著名的S型戰車亦是以無砲塔為設計基礎。德軍於孤注一擲的情況下所開發出的戰鬥裝甲車到了今天已成為一款亞種的戰車。

德軍的象式(Elefant)或斐迪南戰車(Ferdinand)是以不被採用的保時捷虎式車體為底盤,加裝長管88公釐Pak43型砲(它的砲口初速比一般的虎式戰車還快)的驅逐戰車。這款戰車於1943年的庫斯克之役首度登場,然而,未設置車身機槍使他們遭受蘇聯反戰車步兵的重創。象式驅逐戰車的內部空間比較寬敞,可容納六名成員,但龐大的身軀難以隱藏,在空地上亦是容易被擊中的目標。

布拉格BMM工廠的貂鼠式III型生產線。該工廠生產了五百輛的貂鼠改裝車，配備擄獲的蘇製76.2公釐砲或德製的75公釐反戰車砲。

堅固耐用的捷克製戰車殺手

　　雖然德國善加利用擄獲自敵軍的武器，並為特殊作戰目的而做改裝，但他們自行投入量產的外來車種只有捷克製的TNH P-S型輕型戰車，儘管它亦經過大幅的改良。這款戰車進入德國國防軍服役之後，命名為38(t)型戰車，其底盤構造簡單，引擎性能十分可靠，所以被用來執行各種任務。

　　於38(t)型戰車底盤上裝置反戰車砲的貂鼠式即為一款極其成功的戰車殺手，主要有兩款衍生型車投入量產，皆命名為貂鼠式III型，並成為德國裝甲師或裝甲擲彈兵師機動性高且火力強大的反戰車武器。後來，儘管大部分的貂鼠式都被更出色的驅逐戰車取代，有些仍服役到戰爭結束。

　　38(t)型戰車最成功的一款衍生型車為追獵者式驅逐戰車，它或許是二次大戰期間同型車中的最佳設計。瑞士陸軍甚至操縱追獵者式直到1970年代。

原先的貂鼠式III型證明車頭過重，使得機動性能受限。為了維持整體的平衡，它的引擎被移置底盤前方，而操縱平台與重火砲則改設在後方。這款戰車的生產線主要在布拉格，共製造了八百輛左右。

野牛式（Bison）為一款無頂的自走砲，亦以38(t)型戰車為底盤，配備一門150公釐步兵榴彈砲，擔任密接支援的角色。照片中的這輛野牛式為早期型的改裝車，火砲架設於前方，引擎保留在後面。晚期型野牛的火砲與引擎配置則完全相反。

性能優越的38(t)型輕型戰車一直量產到1942年，共製造了一千四百輛。到了那個時候，戰車戰的發展已使這款過氣的戰車淪為偵察裝甲車。不過，它的車體於戰後仍持續生產，主要由捷克陸軍操縱。

追獵者式驅逐戰車裝載與38(t)型相同的引擎、懸吊系統和驅動齒輪，並結合設置傾斜裝甲的上層結構，內部可容納四名成員。這樣的設計使得追獵者式的體形十分低矮且輕巧，卻擁有出色的防護力和越野性能。它的火砲還能擊毀大部分的盟軍戰車。

特種部隊

當西班牙的民族主義部隊於西元一九三六年準備進攻馬德里（Madrid）之際，指揮官莫拉（Mola）將軍宣稱，他在城外有四個縱隊，而第五個縱隊已經滲透到城內了。希特勒於三年後發動第二次世界大戰，波蘭當局即擔憂納粹的第五縱隊隨時會展開破壞行動。

約瑟夫・戈培爾（Josef Goebbels）的無線電廣播加劇了波蘭人對第五縱隊的恐慌，他還呼籲全歐洲的「日耳曼民族」（Volksdeutch）加入希特勒的行列。

波蘭戰役期間，有些日耳曼族裔協助德軍作戰；挪威於一九四〇年遭占領時亦獲得納粹支持者的大力相助，尤其是威德昆・奎斯林（Vidkun Quisling）。後來，在歐洲占領區內，奎斯林這個名字還被用來指稱與納粹合作的賣國賊。

隨著德軍向法國和低地國家發動閃擊戰的威脅持續升高，引發這些國家的有關當局大肆逮捕德國第五縱隊的可疑份子。德軍了解，在主力部隊進攻之前，必須先派一些特種部隊攻占蓋納地區（Gennep）馬士河（Maas）上的戰略橋樑。

間諜的滲透使英國人感到恐慌，移民和難民都有很大的嫌疑，他們甚至展開追捕納粹空降人員的行動。

特種作戰

奪取蓋納要橋的空降隊員亦在丹麥戰役期間攻占過貝爾特（Belt）的橋樑，他們並非空降到荷蘭的德國空軍傘兵精銳部隊，而是直接向「德國國防軍最

塞爾維亞的游擊隊還是布蘭登堡突擊隊？反情報部的特種作戰單位經常穿著敵方制服來掩飾行動，這是十分危險的任務，因為隊員一旦被俘虜就會被視為間諜處決。

德軍在1940年5月進攻低地國家期間，就是由布蘭登堡特種部隊擔任先鋒。他們的主要任務是趕在國防軍地面部隊抵達之前，先行攻占關鍵的橋樑。特種部隊還會穿戴荷蘭軍隊的長大衣和頭盔，以欺瞞防守的駐軍。

高司令部」（Oberkommando der Wehrmacht, OKW）回報的特種單位。該單的正式名稱為「第800特種作戰建設教導營」（Baulehrbataillon zbV 800），於一九三九年在布蘭登堡（Brandenburg）成立，所以又命名為「布蘭登堡部隊」（Brandenburger）。這個部隊隸屬「德國反情報部」（Abwehr），聽命於卡納里斯（Canaris）上將的指揮，兵力原本只有一個連的規模，至一九四〇年擴大為營級，隊員大部分是精通外語的日耳曼族裔。盟軍的特種部隊，像是英國的「空降特勤隊」（Special Air Service, SAS）於大戰爆發後才組成，並滲透到敵軍防線後方作戰；而布蘭登堡部隊打從戰爭的第一天即開始為希特勒效命。

教導團

到了一九四〇年底，「第800特種作戰建設教導營」再擴編為「第800特種作戰布蘭登堡教導團」（Lehr Regiment Brandenburg zbV 800），包括一個傘兵營和一個海軍陸戰營。巴爾幹戰役期間，他們

的任務是奪取戰略據點。該團派出的特遣隊不但確保了南斯拉夫瓦爾達河（River Vardar）上橋樑的安全，亦守護著羅馬尼亞普洛什提（Ploesti）的油井，德軍最高司令部十分擔心那裡會遭盟軍的破壞份子襲擊。一九四一年夏，布蘭登堡部隊還擔任進攻蘇聯的先鋒，占領拉脫維亞（Latvia）道加夫皮爾斯地區（Daugavpils）杜維納河（River Dvina）上的要橋，及里沃夫市（Lvov）。

拉脫維亞的行動幾乎是一場「奪橋遺恨」（A Bridge Too Far）〔譯者註：「奪橋遺恨」為一部經典二次大戰電影片名，瞄述盟軍企圖攻占恩德霍芬（Eindhoven）、奈美根（Nijmegen）與安恆（Arnhem）地區的大橋，經過一番努力，最後仍以失敗收場〕。一個連的布蘭登堡部隊身穿蘇聯紅軍的制服，空降到敵人防線後方。隊員們都會說流利的俄語，他們佯裝過橋，然後射殺哨兵，控制兩邊河岸。不過，德國裝甲單位沒有在預定的時間與特種部隊會合，所以蘇聯發動反攻。布蘭登堡教導團的士兵堅守

第287與第288特種作戰小隊是由布蘭登堡部隊第11連的隊員組成，他們於1941年開始在北非作戰，即使隆美爾將軍並未批准特種部隊的行動。這兩個小隊的計畫包含煽動開羅（Cairo）的民族主義份子叛亂，還有奪取蘇伊士運河的橋頭堡。

「賈布倫卡隘口特遣隊」（Jablunka Pass Detachment）是布蘭登堡部隊第一個投入作戰的單位，於1939年8月26日出擊。在亞伯瑞希特‧赫茲納（Albrecht Herzner）中尉的率領下，七十名會講波蘭語的偽裝士兵奪取了塔特拉山（Tatra）上的關鍵鐵路連結點。然而，基於安全理由，德軍保持無線電靜默，使得賈布倫卡隘口特遣隊不知道進攻波蘭的行動延遲了四天。當他們取得聯繫之後，乃奉命溜回邊界。

陣地，直到戰車趕來。諷刺的是，德軍也不知道他們的真實身分，其中一名被自己人逮捕的突擊隊員還被拍了相片，標題寫著「典型的布爾什維克劣等人」，並印在「信號」（Signal）雜誌上，消遣他的夥伴。

一九四二年間，布蘭登堡部隊再擴編成師級的規模，儘管各從屬單位分散在所有的戰場上，包括北非，而且鮮少以大於連級的兵力行動。他們接受訓練突擊烏拉山（Urals）的蘇聯工廠或奇襲高加索地區的油田，可是主要角色為情報蒐集人員。經常化身蘇聯士兵的小型巡邏隊，不時滲透到防線後方回報敵軍的位置、戰力與動態，這群從事危險任務的特工被俘虜的風險很高，一旦落入敵人手中就得面對殘酷的命運。然而，他們回報的情資使得德國國防軍最高司令部能夠掌握蘇軍的作戰命令。另外，自一九四二年起，布蘭登堡師旗下的單位還執行反游擊隊的任務。

刺探游擊隊

精通俄語的德國士兵會加入紅軍的游擊隊，並暗中進行破壞。由於蘇聯的游擊團體大部分是在一九四一年遭德軍斷後的龐雜零星單位組成，所以很容易編造掩護身分的故事。然而，臥底行動的危險性極高，遭到識破的下場更是令人膽戰心驚。

布蘭登堡部隊最後一次且最艱鉅的任務於一九四三年十一月以失敗落幕。德國反情報部得知盟軍的領袖史達林、邱吉爾和羅斯福將在該月底於德黑蘭會晤。於是，在北德黑蘭日耳曼族裔特工及波斯首府間諜的協助下，他們策畫了「長跳行動」（Operation Long Jump），企圖暗殺或俘虜「三巨頭」。一支突擊隊將會空降到該城附近，由部署在那裡的特工引導進入會議區。然而，對布蘭登堡部隊來說，不幸的是，這項陰謀已洩漏到「內政部人民委員會」，即蘇聯祕密警察手中。蘇聯情報員於德黑蘭逮捕了一些德國間諜，突擊隊所搭乘的容克斯Ju52運輸機亦在飛越土耳其邊界之後，遭蘇聯戰鬥機擊落。

德國反情報部第二局的希裴爾（Hippel）上尉於戰前首先提出成立特種部隊的計畫。不過，大戰爆發後的第一起特殊行動是由臨時組成的單位執行。到了1939年11月，一個連級的特種部隊開始在布蘭登堡接受訓練；同年12月，希裴爾乃取得一個特種作戰營的指揮權。

載著墨索里尼的費瑟勒Fi156型鸛式觀測機正準備起飛之際，史考茲尼的身影出現在這位義大利前領袖的後方。墨索里尼被載到羅馬機場，再轉搭一架亨克爾運輸機前往希特勒位在普魯士的總部。史考茲尼於營救行動成功後獲頒騎士十字勳章。

史考茲尼的計畫只有少數付諸實行。他的想法通常太過大膽，甚至是有勇無謀，所以政治上與軍事上都遭思想較保守的上級反對。其中最有野心的一項計畫於1943年11月著手進行，當時盟軍的三位領袖預定在德黑蘭開會，史考茲尼打算發動突擊，將反德聯盟一網打盡。

希特勒的勇夫

奧圖‧史考茲尼最著名的任務是營救遭囚禁的前義大利領袖貝尼托‧墨索里尼。希特勒得知義大利準備背叛德國，加入盟軍的陣營，因此下令救出墨索里尼，好讓他繼續領導法西斯政權。

史考茲尼獲得希特勒的鼓舞，他立刻對這位超級有自信的奧地利同鄉產生好感。希特勒沒有錯看他，史考茲尼率領一小隊人馬飛進義大利，利用各式各樣的偽裝穿過鄉間，依靠著自己取得的資訊，而非德國陸軍給予的情報抵達目的地。他追蹤墨索里尼到「皇帝旅館」（Hotel Imperatore），那裡是在阿布魯齊山（Abruzzi）上的一處名勝，地勢十分險要，而且一般認為唯有師級規模的部隊才能攻克。

1943年9月9日，盟軍登陸義大利南部；史考茲尼則運用滑翔機突擊這座旅館，九十名隊員部分是他的手下，部分則為德國空軍第7空降師的傘兵。大膽的奇襲使得義大利駐防部隊完全措手不及，史考茲尼也確保了旅館的安全，順利救出這位前義大利領袖。德國原本計畫把墨索里尼送到阿圭拉（Aquila），那裡的機場已被德軍傘兵營占領。然而，史考茲尼無法與德國空軍取得聯繫以協調行動，所以被迫改採他的備用計畫：一架費瑟勒Fi156型鸛式觀測機降落到旅館旁狹小的空地，然後載著墨索里尼揚長而去。

這位壯碩的奧地利突擊隊員是在第三帝國大放異彩的人物之一。史考茲尼臉上的疤痕是在十五歲那年，當他還是一名維也納學生，以軍刀向人決鬥時留下。他於1930年加入納粹黨，並積極為「德奧大合併」（Anschluss）做準備，可說是奧地利納粹黨衛隊領袖恩斯特‧卡坦布倫納（Ernst Kaltenbrunner）的門徒。

一九四四年二月，由於德國反情報部涉入一起反抗希特勒的事件，使得該單位遭到納粹黨衛軍的接管，布蘭登堡師則重組為一個裝甲擲彈兵師，作為傳統的機械化步兵，不再進行特種作戰。可是，有些隊員被調到黨衛軍裡，加入奧圖‧史考茲尼中校的突擊隊，即「弗里登塔爾獵殺群」（Friedenthal Jadgverbände）。

史考茲尼是奧地利人，志願加入黨衛軍第1裝甲師「阿道夫‧希特勒親衛隊師」，從一九四〇年起服役於砲兵團，直到一九四二年十二月在蘇聯因傷退役。史考茲尼獲頒鐵十字一級勳章返回維也納，而且一份健康狀況不佳的報告迫使他只能夠待在家中休養。不過，史考茲尼於一九四三年初重出江湖，轉調至黨衛軍第3裝甲師「骷髏頭師」（Totenkopf），卻

「軸線行動」（Operation Axis）是德軍在義大利巴多格里奧（Badoglio）政府倒向盟軍之後，奪取重要據點的作戰計畫。布蘭登堡部隊海岸突擊營第1連以派瑞烏斯（Piraeus）為基地，他們於1943年9月9日出擊，進攻雅典與拉里薩（Larissa）地區。

德軍在地中海戰區的最後一次重要勝利，是以布蘭登堡部隊為先鋒，他們成功奪回科斯（Kos）與雷洛斯（Leros）地區的愛琴群島（Aegean Islands）。這些島嶼在1943年9月為英軍占領。

蒙受舊病復發之苦。儘管如此，史考茲尼是一位在年輕時與人決鬥留下明顯傷疤的巨人，他的堅定決心和勇氣格外引人注目。

黨衛軍特種部隊

當海因里希‧希姆萊（Heinrich Himmler）決定仿傚英國空降特勤隊，於黨衛軍內組織一個特種作戰單位之際，狂熱的史考茲尼被選拔為中尉指揮官，而且他沒有想到這個部隊會迅速派上用場。黨衛軍特種部隊在一九四三年希特勒生日的時候於弗里登塔爾（Friedenthal）正式成立。

英軍的其中一項行動特別激勵了史考茲尼，那就是沙漠之戰期間，他們試圖滲透到德軍總部刺殺隆美爾將軍。儘管隆美爾當時並不在總部內，可是後來，英國突擊隊屢次深入敵軍防線後方發動奇襲，這幾乎成為北非戰役的典型作戰方式。

營救墨索里尼

一九四三年七月二十三日，墨索里尼的政權遭到義大利陸軍總部推翻，並被逮捕。儘管捉捕墨索里尼的人士採取嚴密的安全措施，德國人仍然成功打聽到他的下落。史考茲尼奉命前往營救，並在一場大膽的空降奇襲之後，順利讓這位前義大利獨裁者獲釋。

希特勒為這場極其成功的營救行動感到欣喜若狂。儘管竊取敵人電訊的戈培爾才是最大功臣，但史考茲尼獲得晉升，他的部隊亦予以擴編。

史考茲尼在柏林接受款待，接著計畫發動幾起特種作戰，包括綁架法國的貝當（Pétain）元帥和暗殺南斯拉夫游擊隊領袖狄托（Josip Broz Tito），卻因突發事變而取消任務。此外，一九四三年七月二十日的希特勒總部炸彈攻擊事件之後，史考茲尼還協調忠誠的納粹黨部隊對抗叛變。

霍爾希任務

史考茲尼的下一起任務為確保匈牙利會繼續與德國並肩作戰。德國的情報部門獲悉匈牙利的攝政霍爾希（Horthy）上將打算與史達林談和，而且紅軍已攻占穿越喀爾巴阡山脈（Carpathian Mountains）的隘口，準備拿下馬札兒（Magyar）的心臟地帶。若匈牙利被擊敗，德國將直接暴露在紅軍入侵的威脅下，所以史考茲尼著手展開一起虛張聲勢且大膽的懲戒行動，在布達佩斯（Budapest）中部綁架霍爾希的兒子，並派出一支機械化部隊進入皇宮。不久，霍爾希政權即被匈牙利的法西斯份子推翻，由傀儡政府取代。直到戰爭結束，匈牙利始終為德國的盟友。

一九四四年十二月十六日，德軍發動最後一場大反攻，瘋狂的希特勒妄想再次穿越阿登森林奇襲盟軍，贏得如一九四〇年的偉大勝利。這項計畫要求德國部隊迅速跨過繆斯河，並拿下安特衛普，切斷盟軍的前鋒。

史考茲尼奉命在盟軍工兵炸毀繆斯河上的大橋之前，先行攻占。於是，他率領一支身穿美軍制服的突擊隊，駕著擄獲的美製戰車與卡車，企圖盡可能地深入敵人防線後方，直到被識破再展開攻擊。德國陸軍總部還緊急徵調一群會講英語的志願者。

「間諜」紛爭

穿著敵軍制服作戰的決定是有爭議的，士兵可能被認為是「間諜」，而非一般戰鬥人員。依據多數國家所接受的國際戰爭法規範，身穿軍服的戰俘不得任意處決。儘管德、蘇雙方從未遵守這樣的規定，在東線戰場上槍殺俘虜是司空見慣的事，但英軍和美軍仍對投降者採取「文明」的對待方式。

史考茲尼的第150裝甲旅打從一開始便身陷險境，因為德國陸軍承諾給予他的M4薛曼戰車只有一輛可以發動，他的隊員不得不把幾輛豹式戰車偽裝成薛曼戰車。史考茲尼的副官於視察這些戰車時還向全員保證，他們在夜晚和遠距離可以欺瞞美國大兵。然而，史考茲尼非常不高興，已有人告訴他必須取消這次行動。

與此同時，幾個四人小組駕著吉普車趕在史考茲尼的機械化旅出擊之前，深入盟軍的防線後方。這些先鋒部隊是從史考茲尼麾下英語最好的隊員中挑選出來，任務為假扮美國大兵進行試探，卻不怎麼成功。一個小組停下車來加油，他們說：「汽油，謝謝！」可是無論用辭和語法都不符合美國大兵的慣常用語。當這群德國人被質疑時，只有溜之大吉。他們的任務失敗，並遭到逮捕。

三名俘虜即使被威脅依「間諜罪」處決仍不透露半點口風。結果，他們真的遭行刑隊槍斃。或許，做出這個備受爭議決定的美軍當事者，會在納粹黨衛軍於馬爾梅迪屠殺美軍戰俘的消息傳開後，感到心安一些。最後，美國人成功突破了一名德軍俘虜的心防，讓他供出一切。

謠言與恐慌

新消息引發了一陣新恐慌。謠言四起，甚至猜測史考茲尼率領一批穿著美軍制服的刺客企圖暗殺艾森豪（Eisenhower）將軍。所以，任何通過美軍檢查哨的人都要經過嚴密的盤查，問答一些可笑的美國常識。有許多英國軍官答不出美式足球後衛球員和外接員的差別，或是不知道影星貝蒂‧葛萊寶（Betty Grable）嫁給誰而遭莫名其妙逮捕。艾森豪幾乎被軟禁在自己的總部裡，他的一舉一動都受到神經過敏的憲兵關注。

謠言遠比史考茲尼的第150裝甲旅還要有效率，他們此刻尚塞在德軍防線後方的道路上。跨越繆斯河似乎是可望而不可及的任務，想要發動奇襲占領目標的機會愈來愈渺茫。十二月二十一日，史考茲尼的部隊向馬爾梅迪附近的美國陸軍第30師發動攻擊，士兵們已脫下美軍的制服，以傳統部隊的身分作戰。結果，史考茲尼負傷，這個單位也在二十八日撤退。

希特勒特種部隊的傳奇由第五縱隊引起的恐慌為開始，亦由此畫下句點。戰後，史考茲尼因戰爭罪在紐倫堡受審，卻宣判無罪，他協助黨衛軍的軍官逃亡至南非的指控從未得到證實。史考茲尼後來居住在西班牙，直到一九七五年逝世。

德軍的作戰計畫是在發動攻勢的第一天跨越繆斯河，其中指派給史考茲尼的任務之一為奪取關鍵的橋樑。不過，搭乘吉普車挺進的偽裝小組於抵達目標之前即被識破，而原本應該予以支援的裝甲部隊（同樣偽裝成美軍戰車）則塞在狹窄的道路上。即使史考茲尼成功趕抵目的地並設法過河亦已於事無補，美軍出乎意料地頑強抵抗，使得德國主力部隊因缺乏燃料而拖延的進度更加遲緩。德軍的裝甲先鋒未能在第一天結束前跨越繆斯河，到了12月20日，即進攻展開的四天後，他們距離目標尚有30公里。

突出部之役

　　1944年底的阿登森林大反攻是德軍的最後一搏。希特勒的將領們集結了一批自1943年東線戰役以來，規模最大、戰力最強的打擊部隊。三個軍團，包括「塞普」‧狄特里希的黨衛軍第6裝甲軍團和哈索‧馮‧曼陶菲爾（Hasso von Manteuffel）的第5裝甲軍團，猛攻美軍防線的弱點。德國的先鋒部隊則直接向安特衛普挺進，目標是分裂盟軍。

　　雖然希特勒的大反撲引發震撼，卻根本沒有機會成功。英國、美國和加拿大擁有太多的兵力、太多的裝備，還有壓倒性的空中優勢。德軍取得初步勝利之後，很快就因為美國士兵展開頑強的抵抗而停滯不前，尤其是黨衛軍於馬爾梅迪屠殺俘虜的消息傳開來，使得反抗活動愈加激烈。另外，史考茲尼麾下會講英語、身穿美軍制服的特戰小組投入作戰，亦造成盟軍大後方動盪不安。儘管史考茲尼的隊員心裡有數，如果他們落入美國人手中，很可能會被槍決，卻仍繼續執行任務。

史考茲尼在突出部之役的特殊任務中倖存了下來，儘管他身負重傷，仍返回德軍防線，並送往醫院治療。不過，史考茲尼的許多手下就沒有那麼幸運，一些士兵被俘虜時還穿著美軍的制服。其中一個小組的突擊隊員拒絕在戰爭法庭上透露任何消息，因此被當成間諜處決。作為行刑前的最後請求，君特‧比爾林中士（Fähnrich Guenther Billing，左上照片）、曼弗瑞‧派爾納斯上士（Feldwebel Manfred Pernass）與一等兵施密特（Obergefreiter Schmidt）要求遭俘虜的德國護士唱耶誕頌給他們聽。

福克─沃爾夫Fw190戰機：伯勞鳥

福克─沃爾夫Fw190是二次大戰期間最完美的軍用機之一。這款戰機的速度快、機動性強，而且能夠擔任各種角色。Fw190於西元一九四一年在法國上空首次登場之際，即震撼了與他們交鋒的英國皇家空軍飛行員。

福克─沃爾夫Fw190於一九三九年六月一日首飛，並在一九四一年八月投入德國空軍服役。到了戰爭尾聲之際，德國空軍已接收了一萬六千七百二十四架的各型Fw190，數目僅次於第三帝國產量最龐大的梅塞希密特Bf109戰機。

Fw190是「福克─沃爾夫飛機製造公司」（Focke-Wulf Flugzeugbau）為了因應「帝國航空部」在一九三七年秋所提出的新型單座戰鬥機發展合約而設計。儘管第一架原型機於一九三九年六月試飛，但後來又改良了引擎的性能，所以量產型的Fw190A-1型直到一九四〇年底才逐步從不來梅（Bremen）與漢堡（Hamburg）的組裝廠下線。

海峽衝刺

第一架Fw190於一九四一年五月配發到波赫蓋（Le Bourget）基地的戰鬥機中隊（Jagdstaffel）裡。夏季期間，這款戰鬥機即在阿道夫‧賈蘭德(Adolf Galland)指揮的第26戰鬥機聯隊旗下作戰。一九四一年九月二十七日，Fw190首次與英國皇家空軍的噴火式交鋒，並擊落三架，它的性能明顯勝過對手。將近一年之後，直到噴火式IX型投入服役，Fw190的優勢才受到嚴峻的挑戰。Fw190A-1型還非正式地被稱為「伯勞鳥」（Würger）。

該型戰鬥機的首次大規模出擊是在一九四二年二月十二日至十三日的「海峽衝刺」期間。當時，德國海軍和德國空軍分別在「地獄犬行動」（Operation Cerberus）與「箭石行動」（Operation Donnerkeil）中，為重巡洋艦尤金親王號(Prinz Eugen)和戰鬥巡洋艦

沙恩霍斯特號(Scharnhorst)與格奈森瑙號(Gneisenau)護航。第26戰鬥機聯隊的Fw190打下了六架企圖攔截德國主力艦的旗魚式（Swordfish）魚雷轟炸機。

　　接下來兩年，各大戰場上的Fw190戰鬥機急遽增加，從北極與蘇聯到地中海都看得到他們的身影。在帝國保衛戰中，Fw190A-5/U2型夜間戰鬥機裝置了防眩目的擋風玻璃，並於排氣管上加裝掩蔽火光的護罩，進行「野豬」（Wilde Sau）作戰。野豬戰術為一批自由獵殺的夜間戰鬥機在強力探照燈的協尋下，攔截英國皇家空軍的轟炸機。他們一開始部署到第300戰鬥機聯隊，於一九四三年七月編成；接著，第301與第302戰鬥機聯隊也相繼成立。

戰鬥轟炸機

　　在西線戰場，Fw190於一九四二年八月在第厄普（Dieppe）的海灘上掃蕩企圖搶灘的盟軍兩棲部隊，並對英國南岸的目標進行「打了就跑」的奇襲戰術。在這些行動中，第26戰鬥機聯隊的Fw190戰鬥轟炸機型（Jabo）摧毀了數座鐵路調車場、工廠和煤氣槽，而且宣稱擊沉六艘海岸船艦。九月，德國空軍還引進一款裝置於翼下的可拋棄式副油箱，使戰機得以更深入英國南部的領空作戰。

　　Fw190A-4熱帶型（Trop）是一款為了部署到地中海戰區而設計的熱帶操縱戰鬥機。它的引擎進氣口裝置了空氣濾清器，防止吸入過多的沙塵。該型戰機於機身下方還可掛載二百五十公斤的炸彈。Fw190A-5/U15型為另一款試驗型的魚雷轟炸機，機身掛架下可承載一枚一千公斤的LT950型魚雷。Fw 190A-5/U16型則是特殊的轟炸機驅逐機，配備三十公釐MK108型加農砲。此外，德國還開發出Fw190A-8/U1型來訓練飛行員，這款雙座教練機於一九四四年一月二十三日首飛。

英國皇家空軍的意外之財

　　英國皇家空軍能夠超越他們的敵人是因為在一九四二年六月二十三日傍晚的一場空戰結束後，第2戰鬥機聯隊第3大隊的副官阿敏·法柏爾（Armin Faber）中尉意外將他的Fw190A-3型降落到英國皇家空軍的潘姆布利（Pembrey）機場。當時，法柏爾中隊

第一款投入作戰的Fw190只配備四挺機槍，被飛行員批評火力欠佳。即使如此，這款戰鬥機的性能優異，使德國空軍的飛行員在對抗英國皇家空軍時大占上風。Fw190A-2型則強化了武裝，機翼裝置兩挺20公釐MG FF型加農砲，引擎整流罩上還有兩挺MG17型機槍。

儘管Fw190的外形不如它的對手優雅，但在許多方面皆勝過英國皇家空軍的噴火式V型。速度更快的噴火式IX型倉促投入服役之後，英國才有一款可與Fw190匹敵的戰鬥機。由於德國空軍十分敬畏噴火式，1941年所有的Fw190都是在法國和英吉利海峽岸邊的工廠裡製造，以迅速供德國空軍使用。東線戰場的德國飛行員幾乎要等到一年後，才取得這款新型的戰鬥機。

雖然Fw190戰機的尺寸適中，卻能搭載各式各樣的重型武器，包括照片中的海軍標準型魚雷。這架Fw190戰機為A-5/U14型，其中「U」代表的是「改裝組件」（Umrüst-Bausätze）。

Fw190F型是以A型戰鬥機系列為基礎開發出來的對地攻擊機。這款Fw190配備了額外的裝甲，可防範地對空輕型火砲的掃射。F型主要在東線戰場服役，照片中的例機還掛載八顆50公斤炸彈。

第2「英麥曼」（Immelmann）打擊聯隊第1大隊的Fw190G型戰機，拍攝於1943年中期。這批對地攻擊機在該年夏的庫斯克之役中扮演重要的角色，他們伴隨速度緩慢且易受攻擊的Ju87俯衝轟炸機，對抗蘇聯的地面部隊。斯圖卡很快就被 Fw190G 型取代。

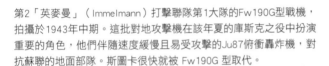

Fw190戰鬥轟炸衍生型的正式名稱為「航程加長版戰鬥轟炸機」（Jagdbomber mit vergrösserter Reichweite），一般則簡稱「長程戰鬥轟炸機」（Jabo-Rei）。照片中的Fw190A-5/U13型僅配備兩挺機槍，以加掛兩具300公升的副油箱。

號稱「聯隊驅逐機」（Pulk-Zerstörer）的Fw190攔截型是為了阻撓美國陸軍航空隊的轟炸機群而設計，他們在1943年10月的史懷恩福特（Schweinfurt）空戰中贏得輝煌的勝利。飛行員先投射Fw190機翼下的210公釐迫擊砲，打亂美國轟炸機的防禦隊形，支援的戰鬥機再逐一擊殺落單的轟炸機。

坐在Fw190原型機內的特約工程師庫特‧瓦德瑪爾‧坦克（Dipl-Ing Kurt Waldemar Tank），是福克—沃爾夫公司的技術主管兼飛行測試部門的主任。

提升Fw190高空性能的首次嘗試，為開發裝置BMW星形渦輪增壓器的Fw190B型，後來又發展出照片中的C型機。Fw190C型配備戴姆勒─賓士DB603型引擎，其特徵為四葉螺旋槳，並於機腹裝設大型的渦輪增壓器。

1944年4月，一名美國陸軍航空隊的飛行員回報他與一架長鼻的新式Fw190交鋒。由於盟軍尚無法得知該機的型號，所以起初引用美國的喜劇演員史納佐‧杜朗特（Schnozzle Durante）之名，以鼻音稱它為「史諾佐」（Schnozzle）。

長鼻朵拉

儘管Fw190於1941年首次登場的時候，是世上最快、最可畏的戰鬥機，但它的高空作戰性能欠佳，在海拔7,000公尺以上的高度無法有效壓制英國的噴火式戰鬥機。隨著美國加入戰局，德國空軍很明顯地需要一款高空攔截機，對抗美國陸軍航空隊愈來愈強大的轟炸機群。因此，渦輪增壓器經過初步試驗之後，柏林當局乃令Fw190的設計師，同時也是福克—沃爾夫公司的技術主管庫特‧坦克利用容克斯Jumo213A型引擎為Fw190升級。這款發動機實際上是為亨克爾He111轟炸機開發的引擎。

Fw190D型於1944年8月投入戰鬥單位服役。然而，坦克博士卻對這款長鼻形的Fw190沒有信心，該機只是他滿意的Ta152出廠前的過渡時期產物。儘管如此，德國空軍的飛行員經初期的保守評估後，即對長鼻新型機讚不絕口，認為它是航空部隊裡最佳的武器。俗稱「朵拉」（Dora）的該型Fw190能夠與任何盟軍戰鬥機匹敵，唯一的限制是他們缺乏燃料和訓練有素的駕駛。此外，許多Fw190D留在低空作戰而未能發揮最大實力，像是保護Me262噴射機起飛與降落。

的九架戰鬥轟炸機從掃蕩摩萊克斯（Morlaix）機場的任務中返航，並與艾克希特（Exeter）基地波蘭大隊（Polish Wing）的噴火式交鋒。法柏爾可能錯把布里斯托海峽（Bristol Channel）當成英吉利海峽，他在降落前還得意忘形地以勝利者的姿態於跑道上飛翔。這架被擄獲的戰機立刻運往法茵堡（Farnborough）進行研究評估，後來一些設計特點更整合到霍克暴風式戰鬥機上。

大約一年後，一架臨時漆上暗黑色偽裝彩的Fw190A-4型於執行夜戰任務時，迫降到西馬林（West Malling）機場。英國最後取得了三架Fw190戰機，並投入「皇家空軍特殊航空部隊」（RAFwaffe）服役。這個單位操縱擄獲自敵軍的武器，配備五花八門的德製戰機，又稱第1426小隊，以考利威斯頓（Collyweston）為基地。

另一款Fw190B型則是高空攔截機，裝置一具一千八百匹馬力的戴姆勒─賓士DB603型液冷式引擎。德國共製造出六架原型機，由於這款戰機於機腹加設了福克—沃爾夫渦輪增壓器，所以又暱稱「大袋鼠」（Känguruh）。Fw190B型的四葉片螺旋槳亦大幅提升發動機的效率，測試時還飛越一萬三千公尺的高空。

長鼻

然而，性能更出色的Fw190D型使得高空攔截機的計畫遭到遺棄。這款衍生型機配備容克斯Jumo213A-1型直線排列引擎，輸出功率為一千七百七十匹馬力，於一九四四年投入服役。因為容克斯引擎比A型系列的BMW星形排列發動機長了許多，所以又獲得「長鼻」（Langnase）的稱呼。

在「地板行動」（Operation Bodenplatte）期間，為數龐大的Fw190D戰機出擊，這是德國空軍的最後一搏。一九四五年一月，他們向比利時與荷蘭的盟軍機場發動孤注一擲卻徒勞無功的掃蕩。雖然Fw190在一九四四年的產量十分可觀，到了一九四五年仍持續生產，但由於燃料的匱乏，許多戰機無法升空作戰。

汰換斯圖卡

Fw190F型與Fw190G型分別為密接支援和對地攻擊的衍生型機。F型於一九四二年至一九四三年冬季投入戰場，是為了汰換容易遭擊落的Ju87俯衝轟炸機而設計。該機使用了三百六十公斤裝甲，以提升對飛行員、引擎還有油箱的防護，這些裝甲主要用來抵擋防空砲火，集中在前機身的下方、引擎罩、下機腹及輪艙罩等處。後來，他們又加入夜間對地攻擊聯隊，向盟軍的地面目標發動奇襲。

Fw190F型主要在東線戰場上作戰，掩護德軍撤退，可是也有少數單位部署到地中海和義大利，反制美國陸軍航空隊向第三帝國和法國的日間轟炸行動。一九四四年六月的諾曼第登陸戰中，Fw190亦密集地出動，身經百戰的第2與第26戰鬥機聯隊配備A型戰鬥機，而七十五架左右的F型與D型則由第4和第10打擊聯隊操縱。

儘管在西歐作戰的德軍對攻擊機也有迫切的需求，但德國空軍總部卻必須把近六百架的Fw190部署到東線戰場，以對抗紅軍於一九四四年所發動的夏季攻勢。

裝甲閃電

Fw190F型配備二門二十公釐加農砲和二挺十三公釐機槍，還能夠掛載二百五十公斤、五百公斤、一千

公斤或一千八百公斤的炸彈，以及SD-2型與SD-4型集束武器（後者為設置錐形裝藥彈頭的反戰車炸彈）。到了大戰末期，他們甚至配備八十八公釐的「裝甲剋星」（Panzerschreck）或「裝甲閃電」（Panzerblitz）火箭投射器來摧毀盟軍的戰車。

Fw190G型實際上比F型系列還要早問世，它裝置炸彈掛架作為標準配備，整流罩上的兩挺機槍則被拆除以減輕重量，只保留兩門翼根位置的機砲做為僅有的固定式武器。G型在北非的突尼西亞之役最後階段和一九四三年七月的庫斯克戰役中首度登場。

另一款福克—沃爾夫Ta152H-1型高空戰鬥機亦屬Fw190的家族成員之一，這款戰機事實上是Fw190D的改良型，卻為了對設計者庫特‧坦克（Kurt Tank）博士表達敬意而改名。第一架Ta152於一九四五年進入前線中隊裡服役，主要任務是保護Me262噴射機基地。

福克—沃爾夫戰鬥機王牌

德國空軍有許多空戰王牌操縱Fw190戰鬥機締造輝煌的勝利。像是蓋爾哈德‧巴克霍恩（Gerhard Barkhorn）少校的三百零二次擊殺紀錄有不少即是駕著這款戰機創下；奧圖‧基特爾（Otto Kittel）中尉二百六十七次以上的空戰勝利大部分亦歸功於Fw190A-5型；而華爾特‧諾沃特尼（Walter Nowotny）少校擊落二百五十八架的紀錄當中，有許多則是在第54「綠心」（Grünherz）戰鬥機聯隊旗下，操作Fw190而贏得的佳績。諾沃特尼少校於一九四五年擔任第7戰鬥機聯隊的聯隊長，指揮一批Me 262噴射機作戰之時，仍是由Fw190D戰鬥機為他們護航。

漢斯—烏爾里希‧魯德爾（Hans-Ulrich Rudel）是最出名的斯圖卡飛行員，但他也飛過Fw190戰機。大部分的Ju87駕駛都暫時離開戰區，接受新型戰鬥轟炸機的操作訓練，可是魯德爾無師自通，並繼續操縱斯圖卡出擊。他寫道：「我駕著新型機直接飛往前線一、兩次，就自我完成訓練，飛這款戰機讓我感到很安全。」這是史上最偉大的對地攻擊機飛行員對Fw190的恭維。

Fw190A-1型於1941年中期抵達前線,並在9月出擊對付英國皇家空軍。這款戰鬥機的性能出色,讓德國飛行員在空戰中大占上風,直到兩年後北美P-51型野馬式登場,才逐漸失去優勢。

半履帶裝甲車

閃擊戰是一種新型態的戰爭，著重裝甲部隊的機動性和火力。不過，戰車在敵軍步兵的反制下十分脆弱，所以支援的單位必須跟得上裝甲部隊的腳步前進。因此，德國開發出半履帶裝甲車來解決這個問題。

軍事術語有時得花上一段時間才跟得上瞬息萬變的現代戰爭。到了西元二十世紀結束的時候，大部分西方國家的「步兵」名義上仍為步行的士兵，可是他們卻搭乘裝甲車上場作戰，這些車輛通常還會配備砲塔，裝置加農砲、機槍，甚至是反戰車飛彈。於是，各界以不同的稱呼來形容這樣的部隊，例如「裝甲步兵」（armoured infantry）、「裝甲騎兵」（armoured cavalry）或「機械化步兵」（mechanised infantry）；而載運士兵的車輛後來又分為武裝較薄弱的「裝甲運兵車」（Armoured Personnel Carrier, APC）和「機械化步兵戰鬥車」（Mechanised Infantry Combat Vehicle, MICV），後者的性能幾乎與一般的戰車相當。

在戰場上，步兵可視情況下車作戰。然而，英國陸軍不太願意將這些裝甲車輛當成普通的運兵車使用，傾向強化其戰力，這也代表它的載兵數勢必縮減，更無法大量生產，多數士兵得步行戰鬥。反觀採蘇聯訓練方式的軍隊，配備數量較多，可是火力與防護力欠佳的裝甲運兵車，所以步兵可待在車內迎擊敵人。不過，一九七三年的以阿戰爭期間，如此的作戰方式卻讓阿拉伯部隊付出慘痛的代價（譯者註：由於裝甲運兵車的戰鬥力不斷提升，敘利亞軍隊遂把他們的BMP-1型步兵戰鬥車當成準戰車使用，而遭以色列的裝甲部隊蹂躪）。

機動化戰士

驅使步行的士兵搖身一變，成為機械化戰士的動力是二次大戰時期的德國陸軍，他們有自己的術語來形容結合新、舊作戰型態的部隊。協同裝甲師挺進的步兵單位被稱為「裝甲擲彈兵」（Panzergrenadier），而半履帶裝甲車是最能代表這個戰鬥兵種的車輛。

集中力量

一次大戰之後，英國和法國堅持把戰車視為支援步兵的武器，他們編成小單位分散到步兵師裡；德國卻依循蘇聯裝甲部隊的運作方式，將戰車的力量集結起來。「德意志帝國陸軍」於一九二○年代在蘇聯祕

密訓練紅軍戰車部隊的計畫獲得可觀的成果，德國的戰車不但集中在專門的裝甲師內，還有步兵、砲兵、反戰車砲和防空砲，甚至是再補給單位的支援。這些從屬部隊皆有各式各樣的車輛，而且盡可能配備高比例的越野裝甲車。

半履帶車很早就投入服役，一開始是作為重砲拖車。這種特殊車輛以履帶取代一般卡車的後輪，儘管離開道路的行駛能力不如全履帶式的戰車出色，造價卻比較便宜，也容易快速生產。不久，半履帶車即被用來當作裝甲擲彈兵團的運兵車。

漢諾馬克

德國裝甲運兵車的設計構想是在半履帶車上設置輕裝甲外殼，於一九三七年開始發展。「漢諾馬克公司」（Hanomag）著手製造底盤，而「布辛新汽車公司」（Büssing-NAG）則生產裝甲車殼，作為設計基礎的車輛為三噸推力的SdKfz11型。很快地，德國開發出一款優異的半履帶裝甲車，命名SdKfz251型，後來盟軍直接稱呼「漢諾馬克」。德軍為這種車輛創造的術語是「裝甲防護車」（Schützenpanzerwagen，SPW）。一九三九年六月，SdKfz251型投入一系列的量產，並持續生產到一九四三年九月。

SdKfz251基本型的運兵車於車前的護盾後方裝置一挺七‧九二公釐機槍，另一挺則在車後，以高角度架設，可作為防空機槍。該型車有兩名駕駛，一個班的步兵則坐在後方的敞開式隔間內，經由車後的兩扇門進出。德國產量第二大的另一款半履帶裝甲車外觀幾乎和SdKfz251型一模一樣，作為戰車或重砲單位，以及裝甲擲彈兵營機槍連與迫擊砲連的彈藥運輸車。此外，德軍亦開發為數可觀的衍生型車，有些是在一九三九年至一九四〇年間密集生產，其他的則一直製造到戰爭末期，由希特勒親自下令終止發展。

SdKfz251型只有一個問題：數量永遠不夠用。他們的產量遠不及裝甲擲彈兵部隊之所需。一般說來，每個裝甲師的四或六個裝甲擲彈兵營只有一個營會配備半履帶裝甲車，大部分的步兵仍乘坐普通卡車，這嚴重影響了裝甲擲彈兵協同戰車作戰的能力。沒有設置裝甲的卡車很容易遭敵方火砲摧毀，越野機動性也相當有限；而就算是配備半履帶裝甲車的營同樣無法

德軍的SdKfz251型是從半履帶重砲拖車發展而來，伴隨裝甲師作戰的步兵單位也因此有了一款合適的裝甲運兵車。SdKfz251可搭載十二名士兵，配備兩挺MG34機槍。

立即趕抵任何地方作戰。諷刺的是，德軍極力維持裝甲師內戰車與裝甲步兵平衡的構想，在大戰期間確實達到某種程度的平衡，但這是因為每個裝甲師的戰車數目亦經常遠低於編制的標準。

「火力小組」

由於擔任裝甲運兵車角色的SdKfz251型半履帶車非常成功，促使德軍在一九三九年要求為他們的偵察單位開發一款類似的車輛。偵察車的載兵量只需要「半個班」（Halbegruppe），或以現代的說法，承載一個「火力小組」（Fireteam）。新型車的設計基礎為

漢諾馬克出動！

雖然德國的兵工廠為裝甲部隊製造了一萬五千輛的SdKfz251型或漢諾馬克半履帶車，但這個數目遠不及機械化步兵單位的需求。

二次大戰期間，德軍一直蒙受裝備短缺之苦。當漢諾馬克半履帶車投入戰場後，他們的後勤狀況即成為軍需官的夢魘，何況，德軍還擄獲了大批的法製與蘇製裝甲車。儘管名義上漢諾馬克可以搭載十二名士兵，卻很少滿載，它的空間實際上僅能容納八名全副武裝的步兵。

漢諾馬克步兵連的角色在大戰期間迅速發展。閃擊戰初期，裝甲擲彈兵經常自食其力作戰。隨著裝甲部隊突破敵軍的防線，深入大後方，裝甲擲彈兵就得留下來掩護其暴露的側翼，防範敵人發動反攻。如此一來，步兵勢必要下車設置防禦陣地，一旦區域的敵軍被殲滅之後，再乘著漢諾馬克，趕上裝甲部隊的進度。

自1942年起，德軍遭遇愈來愈頑強的抵抗，裝甲擲彈兵的戰術也必須改變。由於戰車難以摧毀經巧妙偽裝的強化反戰車陣地，敵方步兵從近距離能夠輕易擊破他們，所以裝甲擲彈兵不得不緊跟裝甲部隊作戰。此時，這群擲彈兵的任務轉為趕在戰車之前擔任斥候，並消滅敵軍的反戰車小組、掃除地雷，還有就近充當戰車之眼。

到了1945年，裝甲擲彈兵的角色再度大轉變。隨著盟軍步步逼近第三帝國，迫使德國人採取孤注一擲的手段。他們為漢諾馬克裝上重型火砲，充當戰車殺手。

一群裝甲擲彈兵將他們的MG34機槍架設在一輛漢諾馬克的後方。德軍原本打算讓所有的機械化部隊都配備半履帶裝甲車，但如同其他的領域，德國兵工廠就是無法生產足夠的裝備。

SdKfz251/16中型火焰裝甲車（mittlere Flammpanzerwagen）於1943年投入戰場，可裝載700公升的燃油，從裝置於車身兩側上方的噴射器發射炙熱的火焰。

照片中的車輛分別為最前方的BMW附側座式摩托車，中間的是SdKfz251/7型半履帶裝甲車，以及後面的五號豹式戰車。這輛SdKfz251/7型乃作為戰鬥工程車，載著特殊裝備，如架設在車殼兩旁的一組輕型突擊用橋。

酷熱的沙漠氣候代表步兵不可能徒步跟隨裝甲部隊作戰。1941年部署到北非的隆美爾部隊（後來泛稱為非洲軍）是由完整的機械化單位組成，使德軍最馳名的指揮官能夠發動大膽的「打了就跑」戰術，以高機動性側翼掃蕩敵人。其他戰場的步兵師從未達成徹底機械化的目標，因為德國的生產力根本無法滿足軍隊的需求。

一個裝甲擲彈兵部隊，拍攝於1945年3月的東普魯士。到了那個時候，德軍在所有的戰線上都採取守勢作戰，所以裝甲運兵車架設了強大的火砲，為各個「戰鬥群」（Kampfgruppe）的步兵提供更有效的火力支援。為了填補防線上愈來愈多的缺口，德軍必須提高機動性，防範敵人乘虛而入。

由於配備20公釐Flak38型防空機砲的SdKfz251衍生型車產量不多，所以從未獲得正式的命名。如同德軍大部分的防空砲載運平台，這款SdKfz251的側面護甲亦可打開，以擴展砲座的旋轉空間，四或六名砲手也比較方便操縱。SdKfz251防空砲車僅於1942年生產，而且幾乎只有在東線戰場才看得到他們的身影。它同時擔任防空與步兵支援的角色。

德軍最強大的武器載運平台為SdKfz251/1型半履帶裝甲車，又稱為「步行的斯圖卡」（Stuka zum Fuss）。照片中的該型車於外殼裝設了鋼管製的框架，各邊可掛載三個條板箱，內裝 280公釐或320公釐的火箭。儘管火箭的威力強大，準確度卻很差，是用來對付距離相對較近的大範圍固定目標。

SdKfz8型半履帶車拖曳著現代化的150公釐K16型重砲，正參加一場
閱兵典禮，它是德軍最重要的重砲拖車之一。儘管12公噸的SdKfz8
型編號較後，卻是第一款投入德國國防軍服役的半履帶車。

8公噸重的SdKfz7型半履帶車最出名的搭擋是88公釐火砲。作為一
款出色的重砲拖車，SdKfz7 型可搭載十二名砲手和其他裝備，1942
年的高峰期時，共有三千輛左右在服役。許多倖存下來的車輛於
1945 年遭盟軍擄獲，戰後仍持續在捷克和其他國家服役數年。

德國國防軍最主要的戰車回收車為SdKfz9型半履帶車。雖然這款半
履帶回收車的馬力強勁，能夠拉動一輛四號戰車，但50多公噸重的
虎式戰車還是需要二或三輛SdKfz9型連接成一串才拖得動。

一噸推力的SdKfz10型，由「戴馬克公司」（Demag）
製造底盤，「布辛新汽車公司」則負責裝甲外殼。然
而，希特勒對於兵工廠「停頓—開始」（Stop-Start）
的管理方式使得一九四○年所有軍備的生產進度延
宕，所以直到一九四一年夏，新一款的裝甲運兵車才
問世。這款半履帶車命名為SdKfz250型，至一九四三
年十月停產之前，共有四千二百五十輛左右出廠。他
們成為裝甲師偵察單位的支柱，而且如同SdKfz251型

SdKfz250 輕型裝甲防護車（leichter Schützenpanzerwagen）的速度快、性能可靠又堅固耐用，廣受德軍歡迎。這款半履帶裝甲車持續量產到大戰結束。照片中的衍生型車為艾爾文‧隆美爾將軍所使用的指揮暨通訊車。

儘管戈培爾的大肆宣傳和好萊塢戰爭電影的播送，德軍步兵師絕不是完全機械化的部隊。在德國國防軍中，士兵徒步行進和騎馬的比例遠超過搭乘引擎車輛。

出現各式各樣的衍生型車，包括彈藥運輸車、指揮暨通訊車、火力支援車和迫擊砲載具等等。

另外，因為四輪的SdKfz222型裝甲車在蘇聯的作戰表現不佳，所以德軍亦於一九四二年三月試驗性地將該型車的砲塔裝設到一些SdKfz250型上。這款混種車輛證明非常成功，改良的SdKfz250/9型不久即投入量產以汰換SdKfz222型。

十八噸巨獸

二次大戰期間，德軍生產了一系列的火砲拖車，從拖曳輕型反戰車砲或防空砲的一噸車輛到十八噸的巨獸都有。十八噸重的SdKfz9型半履帶車乃作為重砲拖車或戰車回收車，從一九四二年起，還被派去拖曳超出其負荷的重型戰車，例如需要三輛SdKfz9型才可將一輛陷入泥濘的虎式戰車拖出。

德國尚有另一款相當出色的半履帶車，卻非依上述車輛的形式設計。這款歐寶騾式（Opel Maultier）

18公噸SdKfz9型唯一的一款武器承載衍生型車於1943年製造，配備一門88公釐Flak37型防空砲，並部署到法國和東線戰場作戰。照片中的例子設置了裝甲艙，以射擊模式呈現。這輛半履帶防空砲車後面兩側的護甲已打開，作為砲兵的工作平台，還伸出支撐架加以穩固。

自1942年底之後，德軍裝甲師皆配備專用的火箭發射車。未設置頂殼的騾式半履帶車先被用來架設多管火箭發射器，後來又裝上裝甲外殼。該車搭載十具火箭發射管，命名為150公釐42型裝甲火箭發射車（Panzerwerfer 42）。

半履帶車只是簡單地將標準的歐寶軍用卡車，於後輪部位改裝霍斯特曼（Horstmann）履帶懸吊系統。騾式半履帶車總共生產了四千輛左右，大部分在東線戰場服役。

希特勒愛管瑣事，經常干涉陸、海、空三軍的採購計畫，尤其是陸軍。蘇聯的寒冬不只對德國士兵來說是可怕的經歷，更嚴重耗損了德軍笨重且無效率的摩托運輸車輛。從歐洲各地徵用的上百輛不同款式軍車也幾乎派不上用場，反而造成後勤上的夢魘。

一九四二年五月，希特勒同意發展一系列「沒有不必要邊飾」的新型半履帶車（譯者註：即上層結構底部平坦的車輛，可簡化生產，車輪與履帶間也比較不容易卡泥濘或雪塊，主要是因應東線戰場的狀況而開發），取代現有的三噸與五噸拖車。於是，「國防

軍重型拖車」（schwere Wehrmachtschlepper, sWS）委託布辛新汽車公司設計，到了一九四三年初，原型車已準備好投入量產。德軍原本訂購了七千多輛，可是一九四三年僅製造不到一百五十輛，戰爭結束前的總產量也少於一千輛。國防軍重型拖車的款式多樣化，並擔任各種角色，例如防空自走砲和裝甲火箭發射車（Panzerwerfer），後者是用來填補以騾式改裝的火箭發射車的戰力缺口。戰後，另一款改良型車仍繼續在捷克斯洛伐克的塔特拉（Tatra）工廠裡生產。

機動指揮拖車

或許，大戰期間最不尋常（肯定是最難製造）的半履帶車是「8t型V-2火箭射擊指揮裝甲拖車」（Feuerleitpanzerfahrzeug für V-2 Raketen auf

為空降部隊設計的「履帶摩托車」（Kettenrad）於1941年首度登場。然而，希特勒拒絕再發動大規模空降作戰之後，履帶摩托車即淪為崎嶇地形用的運補車，不再執行支援空降突擊的任務。

Zugkraftenwagen 8t）。一般的8t型拖車是傳統的半履帶車，作為防空自走砲，配備四聯裝二十公釐機砲或一門三十公釐Flak36型防空快砲，於一九四三年登場；另外，也有少數搭載五十公釐的Flak41型防空砲。德軍在發展V-2彈道飛彈之際，就打算利用機動性高的半履帶車來拖曳發射台，以免像固定的V-1發射軌道架一樣，容易遭受盟軍的空中攻擊，因此開發出8t型V-2火箭射擊指揮裝甲拖車。這款半履帶車設置了箱形的裝甲上層結構，作為V-2飛彈的機動指揮所，並可拖曳飛彈發射平台。

產出限制

德國的半履帶車就像戰車、飛機，甚至是卡車一樣，以高標準來製造，並開發出許多衍生型。然而，如此的生產方式卻使工廠的產出大受限制，尤其和簡單、數量龐大的蘇製與美製裝備相比，德國兵工廠的能力更是望塵莫及。其中一個例子就能說明一切。美國陸軍的M3型半履帶車的履帶是由兩條鋼鏈以強化橫條連結而成，再用硬橡膠鑄造。它的耐用性只有一千五百哩的行程，卻很便宜又容易更換。德國半履帶車的履帶則由相互交錯的鋼板塊以栓釘來串連，每一個栓釘還穿過一對針孔狀的軸承。德製履帶的設計較佳，且堅固耐用，但需要大批的勞力生產，成本十分高昂。何況，再怎麼堅固的履帶，於戰場上仍會被摧毀。

從巨人到侏儒：德軍的半履帶車

SdKfz9型：這輛18公噸的龐然大物是二次大戰期間最大的半履帶裝甲車。它原是為了因應德軍在1936年所提出的設計規格要求而打造，作為裝甲師的支援車輛，並擔任戰車回收車的角色。SdKfz9有兩款衍生型車（SdKfz9/1型與SdKfz9/2型）來拖曳重型火砲，包括240公釐的K3型巨砲。不過，隨著戰車的重量愈來愈重，SdKfz9戰車回收已顯得過時，並於1944年停止生產。

SdKfz250/10型：SdKfz250型是因應德軍在1930年代中期，要求設計一款1公噸重的半履帶車而打造，以提升步兵和其他伴隨裝甲師作戰單位的機動性。這款裝甲車於1940年首度登場，並持續量產到1944年。晚期型車則重新設計車殼，來加快生產速度，並削減材料的使用量。它的衍生型眾多，包括通訊車與機動觀測車，以及一些特殊的火砲支援車。

SdKfz251/20型「貓頭鷹」紅外線探照車：衍生型車似乎無窮無盡的SdKfz251型另一款支援豹式戰車進行夜戰的車款，為SdKfz251/20型貓頭鷹式紅外線探照車（Uhu Infrarotscheinwerfer）。裝設於豹式戰車上的紅外線探照燈有效範圍只有400公尺，但架在這款半履帶裝甲車上的大型1251型觀測器（Beobachtungsgerät 1251）能夠照明1,500公尺外的目標。「貓頭鷹」的車長指揮五輛配備紅外線探照燈的豹式戰車於夜裡作戰，這是十分有潛力的構想。然而，德軍於1944年8月訂購的六百輛SdKfz251/20型當中，據信只有不到六十輛完工。

騾式半履帶車：在 1941—1942 年的蘇聯冬季戰役期間，德軍對於運輸車輛的設計要求徹底改觀。他們決定製造一款成本低廉的半履帶車，來接掌其他卡車的任務，所以歐寶和戴姆勒—賓士工廠便將生產線上的卡車後軸直接換裝二號戰車的履帶與履帶輪。由於當時二號戰車已經被淘汰，所以有不少履帶組件可以使用。

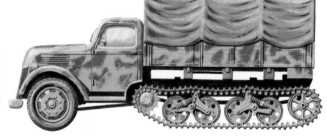

SdKfz2小型履帶摩托車：SdKfz2小型履帶摩托車是為德國空降部隊設計的輕型火砲拖車，於1941年投入服役。然而，當德國傘兵被貶抑為地面輕裝部隊之後，這款小型的履帶摩托車便轉往各大戰場擔任越野運輸車輛。在平地行進時，它的最高時速可達到80公里。

德軍的多管火箭

火箭起源於古代的中國,可是直到西元二十世紀初這款兵器才為世人重視。一九四一年,德國國防軍成為第一個再次運用火箭作戰的部隊,而且它已具有毀滅性的威力。

火箭的戰場運用可追溯到遠古的波斯與希臘,但最早是中國的蒙古帝國廣泛使用這項科技。火箭於十三世紀即傳至歐洲,可是直到十六、十七世紀才被注意。二十世紀前的許多軍事衝突都利用過火箭來作戰,卻因傳統砲兵的迅速發展而遭冷落。

一次大戰時期,火箭的主要用途是發送信號,儘管法國航空部隊也曾拿它來對付敵方的氫氧觀測汽球。然而,一九二〇年代和一九三〇年代,德國與蘇聯著手開拓火箭的軍事潛力,這款武器也將在日後的戰爭中大放異彩。

二次大戰期間,德軍開發出一系列的多管火箭,用來轟炸敵人的陣地。由於火箭的獨特咆哮聲,使盟軍泛稱它為「呼嘯米妮」(Moaning Minnie)或「尖叫咪咪」(Screaming Mimi),其正式名稱卻是「煙霧投射器」(Nebelwerfer)〔譯者註:德軍的多管火

箭發射器大部分都用「煙霧投射器」來命名型號,直到一九四四年登場的 56 型火箭發射器(Raketenwerfer 56)才予以正名,但本文為了避免混淆,皆譯火箭發射器〕。令盟軍聞風喪膽的德國火箭,一般是由引擎車輛拖曳的六管一五〇公釐發射器所擊發。

「煙霧投射器」這個名詞是德軍沿用一次大戰時期的裝備,當時他們以一款大口徑的迫擊砲來投射煙霧火箭或毒氣火箭。二次大戰期間,雖然火箭發射器亦可用來投射煙霧火箭,可是它通常填裝高爆火箭,作為火力支援武器。除了高爆火箭之外,還有燒夷火箭,德國甚至庫存了大量的致命化學火箭——盟軍就在一九四五年於穆納聖喬爾根(Muna St Georgen)擄獲了一萬八千六百枚的化學火箭,儘管希特勒從未下令使用。

「發射，開溜」

　　這種武器能夠向目標一次投射五或六枚的火箭，威力十分強大，所以深受盟軍士兵的敬畏。火箭的爆炸力驚人，只要幾枚就足以消滅空曠地帶上的一整批部隊。對德軍的「火箭砲兵」（Nebeltruppen）來說，它的最大缺點是擊發時會暴露位置，火箭發射所激起的塵埃，以及投射體尾端產生的大量煙霧，等於告訴敵方的反制砲兵該打向哪裡。在東線戰場，蘇聯甚至會使用自己的「卡秋莎」（Katyusha）火箭回敬德軍。因此，德國火箭部隊漸漸成為「射擊，開溜」戰術的高手，他們投射火箭之後，便會迅速把火箭發射器拴上卡車，逃離該區。

　　德軍火箭砲兵在史岱廷（Stettin）南部的賽勒（Celle）進行訓練，隨著團級單位不斷增加，便移往蒙斯特—北地（Munster-Nord）一帶。操縱火箭發射器的士兵皆穿著獨特的勃艮地（Burgundy）紅色迷彩裝，肩章和軍便帽上的邊飾亦為勃艮地紅，左袖下擺還有專屬徽章，圖案是一尊豎立的迫擊砲，周圍繞著白色的橡樹葉花圈，並以藍綠色的橢圓為底。

多管火箭登場

　　德軍第一款多管火箭，即二八〇公釐或三二〇公釐的 41 型火箭發射器（Nebelwerfer 41）於一九四〇年投入服役，是構造簡單的拖曳式組件。不過，它太晚登場，無緣參與法蘭西之役。這款發射器由六具三二〇公釐發射管組成，管內裝設特製的金屬欄則可發射二八〇公釐的火箭。二八〇公釐高爆火箭重約八十二公斤，最大射程僅有一千九百二十五公尺；三二〇公釐的燒夷火箭則重七十九公斤，最大射程為二千二百公尺。儘管 41 型多管火箭發射器是強大的武器，可是射程相對偏短，所以並未大量生產。

　　一年之後，一五〇公釐的 41 型多管火箭發射器部署至東線戰場，並持續服役到一九四五年。法國部

在西歐的前幾場閃擊戰中，德軍尚未運用多管火箭作戰，這是因為大部分的多管火箭發射器都配發到化學戰單位裡。德國保留這些化武，打算戰局演變成可怕的毒氣戰時再加以利用。一些火箭砲兵及時參與了巴巴羅沙行動，可是直到1941年夏末，當蘇聯的「卡秋莎」火箭讓德國國防軍猛然意識到這款武器的潛力之後，才趕緊部署大批的多管火箭至東線戰場。

這場令人印象深刻的「煙火秀」是於1944年3月24/25日晚，英軍和美軍準備越過萊茵河時所拍攝。西方盟軍亦善加利用火箭作戰，但數量遠少於德國與蘇聯的火箭部隊。

「呼嘯米妮」

德國的火箭砲兵很快就成為一支可畏的打擊部隊。他們能夠於目標區施放密集的彈幕，除了帶來毀滅性的破壞之外，火箭飛行時所產生的尖銳咆哮聲亦可增加敵人心理上的壓力。

然而，火箭的投射準確度很差，這代表必須發射大量的火箭以彌補其精準度的不足。於是，德國多管火箭部隊的作戰方式相當符合古德林將軍的一句格言：「狠狠揍他，不是唾棄他！」（Klotzen, nicht Kleckern!）。

隨著戰爭持續進行，德軍愈來愈偏愛利用火箭作戰。這有兩個主因：其一為，若加農砲發射類似的重型高爆彈頭，火箭還比較好操縱；另一則是他們容易生產，造價也很便宜。德國國防軍是二次大戰期間第一個使用火箭作戰的單位，儘管這項殊榮經常被錯認為是蘇聯軍隊的。德國陸軍的砲兵旗下有許多團級火箭部隊，於 1941 年 6 月 22 日凌晨 3 點 15 分首次開火，征服蘇聯的巴巴羅沙行動亦就此展開。紅軍第一次動用火箭砲兵是在 1941 年 7 月 14 日，他們向莫斯科—明斯克（Minsk）附近的奧斯薩（Orsza）火車站發動攻擊，那裡已被德國的中央集團軍（Army Group Centre）占領。

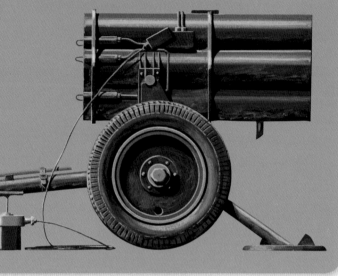

隊甚至於大戰結束後仍在使用。

這款火箭的設計十分特殊，發動機設置在火箭前端，是為了確保投射體衝撞到地面時會把發動機炸得粉碎。它還包括七組「瓦斯拉格」（WASRAG）R61 型推進器〔以二甘醇化合物（Diglykol-Dinitrate）為燃料〕，由一個 ERZ.39 型觸發器點燃，燃燒的氣體則會通過二十六度角的文氏管（Venturi），該管是一個裝置在投射體內部高三分之一處的環狀流量計。一五〇公釐火箭的飛行速度較慢，最快每秒三百四十公尺，可是最大射程可達六千九百公尺遠。

一五〇公釐多管火箭發射器後來架設到 SdKfz4/1 型騾式半履帶裝甲車上，作戰表現非常出色，但它只是另一款一五〇公釐 42 型裝甲火箭發射車（Panzerwerfer 42）於一九四四年投入服役前的過渡時期產品。新式的裝甲火箭發射車同樣配備十具發射管，卻以國防軍重型拖車（schwere

和野戰砲相比，火箭的射程與準確度較差，而且投射體飛行時所產生的噪音和煙霧，使敵人很容易找出火箭的發射位置，並加以反制。

高爆火箭、煙霧火箭與混合火箭都可裝入六管的發射器中。一名訓練有素的火箭砲手能夠在兩分鐘內完成填裝程序。

多管火箭是一款簡單、成本低廉又容易部署的武器,尤其適合在空曠地區運用。他們的威力足以殲滅一整批部隊。

德軍砲兵正在空曠的地面上為這款十分不精確的武器進行瞄準。150公釐與210公釐的多管火箭發射器是架在可旋轉又可仰升的砲座上,由電力來擊發。

火箭填裝程序完畢之後,組員會退到10或15公尺外的壕溝,並以電線遙控擊發。砲兵扭轉一具手動式的發電機,電流便會傳到多管火箭右邊的電線插座上,再分送電流至各發射管,火箭以二秒鐘的間隔相繼發射。發電機的把柄每旋轉一圈即代表發射了一枚火箭。不過,火箭投射之後,高壓噴流有時候會把發射器弄翻,砲兵得重新設置妥當才能繼續發射。

M4 薛曼戰車正射擊架在車殼上的多管火箭。這款六十管火箭發射器是為 T-34 戰車設計，又稱「克麗奧」（Calliope）。它的發射管是由膠合板製成，所以發射幾次後就會碎裂。然而，在短程戰鬥中，多管火箭發射器賦予了戰車部隊更強大的火力。

多管火箭發射器由半履帶車來承載，不但使火箭砲兵獲得一款裝甲操作平台，還能夠讓他們迅速撤離發射陣地。訓練有素的火箭砲兵可以在不到一分鐘的時間內重新裝填火箭，而且大部分的多管火箭裝甲車都是由黨衛軍來操縱。

Wehrmachtschlepper, sWS）為底盤，該車的內部彈艙還可容納二十六枚火箭。車載的多管火箭部隊組成了獨立的連級單位，即裝甲火箭發射車連（Panzerwerferbatterie），各連有兩個排，每一排分配四輛半履帶裝甲車。

威力強大的火箭

二一〇公釐的 42 型多管火箭發射器（Nebelwerfer 42）在一九四二年展開測試，並於一九四三年登場。基本上，它是一五〇公釐 41 型多管火箭發射器的擴大版，五具大型的發射管架設在相同的砲座上。火箭是以電力來擊發，發射之際，〇·三安培的電流會通到一條六芯的電線，由一組設置在發射器右邊的手動式發電機來發電。42 型多管火箭發射器只投射高爆彈，火箭重量一百一十二·六公斤，速度最快每秒三百二十公尺，最大射程七千八百五十公尺。射速率為八秒發射五枚火箭，或是於五分鐘內齊

火箭對決

二次大戰期間，列強的軍隊幾乎都運用過多管火箭作戰，儘管程度各有不同。多管火箭主要是作為重型火砲的補充品，但蘇聯人很快就發現它有時能夠充當主力武器來使用。

技術上來說，德國的火箭設計最先進，可是他們只把火箭視為支援角色，以提升砲兵部隊的火力。

蘇聯軍隊則在每一起大規模攻勢展開之前，擊發大量的火箭驅逐德軍。戰後，幾款蘇製火箭甚至持續於世界各國服役，直到1980年代中期。

火箭的毀滅性足以扭轉戰場上的實力平衡，如同東線戰場的情況。不過，在西歐，英軍和美軍僅偶爾使用這款武器來摧毀敵人的碉堡或防禦工事。

二次大戰之前，刺激英國人開發多管火箭的動力，是為了發展反戰車武器。儘管英軍的反戰車火箭並不怎麼成功，卻成為一些有趣設計的基礎，例如照片中的 24 磅空運式多管火箭發射器。

射三回。

另一款三〇〇公釐口徑的 42 型多管火箭發射器在行進模式下重約一千一百公斤，火箭重量一百二十七公斤，最快飛行速度每秒二百三十公尺，射程最遠四千五百五十公尺。射速率則為十秒六枚，或五分鐘內齊射兩回。

新式的三〇〇公釐 56 型多管火箭發射器（Raketenwerfer 56）於一九四四年投入服役，它以五〇〇公釐的 Pak38 型反戰車砲作為砲架。若發射管裝入特殊的金屬欄，亦可投射一五〇公釐的火箭。這款火箭發射器於行進模式下重約一千零四公斤，射速率為十秒六枚，或五分鐘齊射兩回。

條板箱包裝射擊

德軍原本將二八〇公釐、三〇〇公釐與三二〇公釐的火箭以條板箱運給前線單位，但經過簡單的改裝之後，這些條板箱便成為相當有用的單發式投射架。最簡便的野戰火箭發射裝置為 40 型投射器（Wurfgerät, WG 40），由四或六個條板箱組成，框架內可裝二八〇公釐或三二〇公釐的火箭，還能調整十至四十五度的射角。三二〇公釐火箭的最遠射程可達二千二百公尺，二八〇公釐火箭則為一千九百二十五公尺，四枚火箭於六秒內逐一發射完畢。用條板箱來射擊的火箭在一九四一年即部署到東線戰場，綽號為「步行的斯圖卡」（Stuka zum Fuss）。

「號叫的乳牛」

另一款 41 型重型投射器（schweres Wurfgerät, sWG 41）與 40 型投射器有所不同，火箭是架設在一排重約一百一十公斤的鋼管架上，能夠發射二八〇公釐、三〇〇公釐與三二〇公釐的火箭，仰角同樣可調整十至四十五度。火箭是以單一架設或排成四枚，於六秒內逐一發射。41 型重型投射器的外號也是「步行的斯圖卡」，儘管有時亦被戲稱為「號叫的乳牛」（Heulende Kuh）。

二八〇公釐、三〇〇公釐與三二〇公釐火箭最成功的機動發射器為 40 型重型投射框（schwere Wurfrahmen, sWR 40），它是一個設置在 SdKfz251 型半履帶裝甲車上的金屬框架，由柏林的「加斯特兩

合公司」（J. Gast
KG）於一九四〇
年設計，同年即投
入戰場。這個金屬
框架的左右兩側各
掛載三個條板箱，
條板箱可調整十四
至五十度的仰角，
六枚火箭於十秒內
發射完畢。一般說
來，裝置火箭的條
板箱只有在發射前
才會掛在裝甲車兩
側，因為他們會使
車體太寬而難以駕
駛。SdKfz251 型半
履帶裝甲車通常裝載
五枚二八〇公釐高爆

1943 年於東線戰場，一個 15 公分口徑的 41 型「煙霧彈發射器」組準備著他們的六管火箭發射器。這種火箭發射器架在稍作修改的 3.7 公分口徑的 Pak 35/36 型火砲砲架上。全載時，41 型「煙霧彈發射器」重 770 公斤，可發射六枚 34 公斤重型火箭，最大射程達 6900 公尺。這些士兵是煙霧彈部隊火箭投射支隊的一部分。

火箭與一枚三二〇公釐燒夷火箭。

40 型重型投射框的火箭發射之際，裝甲車會對準目標，然後鎖住煞車系統，條板箱亦調整好射角，所有的成員退到十公尺外。火箭是以交錯方式射擊，先從左後方的條板箱開始發射，一直輪到右前方。

管樂團

德國陸軍有三個類型的多管火箭部隊：機械化火箭投射旅（Werferabteilung），配備一五〇公釐 41 型多管火箭發射器；機械化重型火箭投射旅（schwere Werferabteilung），配備二一〇公釐 42 型多管火箭發射器和二八〇公釐／三二〇公釐 42 型或 56 型多管火箭發射器；山地火箭投射旅（Gebirgswerferabteilung）。

機械化火箭投射旅包括一個參謀單位與參謀砲兵連及三個火箭砲兵連，各連配備六具多管火箭發射器。參謀單位由旅總部、偵察暨觀測排、測量班、維修小組和行政參謀與訊號參謀組成。另外，一個配備四門三十七公釐或七十五公釐反戰車砲的單位亦附屬在火箭投射旅旗下，作為區域性反戰車部隊。編制一般為十四名軍官、一百零一名士官與四百四十名砲

兵，加上一百零九輛各式運輸車輛和九輛摩托車。作戰的時候，每個機械化火箭投射旅應該掩護一千兩百公尺的防線，實際上，每個連的多管火箭掃蕩範圍只有兩百公尺寬，卻經常得掩護八百至九百公尺。一個機械化一五〇公釐火箭投射旅會攜帶一千七百二十八枚的高爆火箭和四百三十二枚煙霧火箭，每一連則分配四百三十二枚高爆火箭與一百零八枚煙霧火箭。

後來，機械化火箭投射旅組成火箭投射團，通常包括一個團總部或總部砲兵連、兩個一五〇公釐火箭投射旅和一個二一〇公釐火箭投射旅，及一個輕裝投射部隊（一般為機械化一五〇公釐火箭投射分遣隊）以執行特殊任務。火箭投射團的編制則為一千八百七十六名官兵，十二門反戰車砲，五十四具多管火箭發射器，三百七十四輛運輸車和三十七輛摩托車。

重型火箭投射團的戰力強大，配備二一〇公釐的 42 型多管火箭發射器或更重的武器，一般由兩個二一〇公釐或二八〇公釐／三二〇公釐（後來又操作三〇〇公釐）火箭投射旅和一個一五〇公釐火箭投射旅組成。配備二一〇公釐火箭的機械化重型火箭投射旅載運九百枚高爆火箭，各連分配一百八十枚，足以齊

二次大戰期間最廣泛使用的多管火箭為蘇聯的「卡秋莎」。它通常是裝在卡車上，賦予蘇聯部隊毀滅性的打擊力量。由於火箭發射時所產生的特殊咆哮聲，德軍把它封為「史達林的管風琴」（Stalin's Organ）。

射十回；配備三○○公釐火箭的單位攜帶六百枚的高爆火箭，能夠齊射三回；二八○公釐／三二○公釐火箭的砲兵連則分配到四百五十枚二八○公釐高爆火箭和一百五十枚三二○公釐的燒夷火箭。

半履帶裝甲車的支援

配備一五○公釐與二一○公釐火箭的旅擁有一批多管火箭運輸車（Nebelkraftwagen），即 SdKfz11/1 型半履帶車的支援，可供射擊組員乘坐，沿著車旁亦能承載裝置火箭的箱子，不是運送三十六枚一五○公釐火箭，就是十枚二一○公釐火箭。

另外，山地火箭投射旅配備一○○公釐的 35 型與 40 型火箭發射器，攜帶一千八百九十九枚的高爆火箭和一千二百六十九枚煙霧火箭。35 型與 40 型火箭發射器實際上是迫擊砲，射程分別為三千零二十五公尺和六千三百五十公尺。不過，山地火箭投射旅於一九四二年前往高加索地區作戰時也使用標準的多管火箭發射器作戰。

到了一九四四年秋，由於德軍的兵員短缺，導致火箭投射團縮編為兩個旅，而且名義上雖然還維持著機械化部隊的稱號，但多管火箭發射器經常是由馬匹拖運至戰場。

黨衛軍火箭投射旅

火箭投射團和規模較小的部隊一般不屬於德國陸軍的師級常設單位，而是由陸軍總部分派到軍團級、軍級和一些師級旗下。只有黨衛軍裝甲師的編制有火箭投射旅，各旅配備十八具火箭發射器。

黨衛軍甚至要求仿傚蘇聯的「卡秋莎」，製造一款八十公釐的多管火箭發射器（Raketen-Vielfachwerfer）。它架設於法製的索姆亞半履帶車上，有二十四具發射管，投射六‧九公斤的小型翼穩火箭。在一九四四年初的測試中，這款八十公釐火箭的性能證實比一五○公釐火箭還要優越。然而，或許是政治壓力的因素，八十公釐火箭並未大量生產。

步兵支援武器

在現代戰爭中，由於戰場上充滿許多不確定因素，所以步兵必需隨身攜帶火力支援武器。首先了解這點的部隊就是德國陸軍。

所謂的「步兵支援武器」（Infantry Support Weapon）指的是營級單位所配備的軍械，而非「隨傳隨到」的支援重砲或空中武力。在二次大戰的機動作戰中，步兵無法依賴重砲部隊隨時予以近距離火力支援。

專用的軍備

所以，為了讓步兵能夠立即掃除眼前的障礙，就是配發給他們專用的重型軍備，包括迫擊砲、火焰發射器、反戰車武器和輕型火砲。

最典型的步兵支援武器是中型迫擊砲，德軍還使用一款八十公釐口徑的34型重型迫擊砲（schwere Granatwerfer, Gr.W. 34）。這款迫擊砲由三名組員攜行上陣，配件包含一個底座、砲管與雙腳架，於西

元一九三四年投入服役，並持續運用到大戰結束。德國甚至開發了一系列的砲彈，像是「彈跳炸彈」（bouncing bomb）、傳統高爆彈、煙幕彈、照明彈和標明目標用的砲彈。34型重迫擊砲的作戰重量約五十六‧七公斤，仰角可調整四十至九十度，迴轉角度則為九至十五度。

迫擊砲的最大射程視砲彈的發射火藥量而定。德軍迫擊砲一般分為六個等級的發射火藥量，於開火前才填塞進砲彈底部的發射管內。第六等級的裝藥量射程最遠，三‧五公斤的第一級裝藥砲彈最短射程為六十公尺，第五級裝藥砲彈最遠則可達到二千四百公尺。

重型迫擊砲

正對敵人防禦工事噴發烈焰的35型火焰發射器。自二次大戰以來,火焰發射器的組成配件大部分都沒有改變。德製的35型火焰發射器重約35.8公斤,時常由兩個人操作,裝載的燃料足以連續噴發十秒鐘。該型武器一直生產到1941年。

一二○公釐的42型重型迫擊砲於一九四二年投入服役,是以蘇聯的38型重型迫擊砲為基礎開發而來。在東線戰場,蘇製大型迫擊砲的射程比德國的任何迫擊砲還遠。起初,德軍擄獲的蘇聯重迫擊砲被命名為一二○公釐Gr.W.378 (r)型,後來德國仿造的42型重迫擊砲則能發射蘇製或德製的砲彈。第一級裝藥砲彈重十五‧八公斤,射程三百公尺;第六級裝藥砲彈可打到六千零二十五公尺外的目標。這款迫擊砲還能夠於底座加裝雙輪的載具,並可選擇以地心引力觸發或是以扳機擊發砲彈。多功能的設計使它成為廣受歡迎的武器,在一些營級單位裡甚至取代了步兵火砲。

德國的山地部隊(Gebirgsjäger)配備幾款特殊的輕型火砲,有些亦被前線步兵單位當作傳統武器使用。七十五公釐、十一‧八倍徑長的18型山地輕型步兵砲(leichte Gebirgs Infantriegeschütz, 18. L/11.8)作戰重量四百四十公斤,發射五‧四五公斤或六公斤的砲彈,射程三千五百五十公尺,也可射擊三公斤的錐形裝藥(高爆炸藥)砲彈作為反戰車武器。裝設輪輻的衍生型砲則能拆解成六或十個配件,好讓步兵搬運,最大承載重量七十四‧九公斤。黨衛軍還使用一款空氣壓縮擊發的衍生型砲。

50公釐36型輕型迫擊砲為大戰初期德國國防軍的標準配備。然而,對德國的戰爭工業來說,這款迫擊砲證明太過複雜又昂貴。

盟軍士兵相當懼怕德國的80公釐34型重迫擊砲，它的射速快又準確。不過，使這款迫擊砲令人聞風喪膽的最重要原因，還是訓練有素的德軍迫擊砲兵。

取代七十五公釐18型山地輕型步兵砲的是七十五公釐、十九‧三倍徑長的36型山地輕型步兵砲。這款火砲於一九三五年由萊茵金屬公司設計，整合了奇特的可變後座力系統和大型的砲口制退器。

德軍的精巧設計

隨著戰局對德國愈來愈不利，德軍步兵急需一款方便實用的強大武器以守住防線。其中兩款應急的火砲為七十五公釐、二十二倍徑的37型步兵砲（IG 37. L/22）及口徑與砲管長相同的42型步兵砲。37型步兵砲改裝自七十五公釐Pak37型反戰車砲（即擄獲的蘇製火砲縮小版），架設於過時的三十七公釐Pak35/36型砲座或擄獲的蘇製三十七公釐1930型反戰車砲的砲座上（德軍又將後者命名為三十七公釐Pak158(r)型反戰車砲）。該型步兵砲裝置了砲口制退器，能夠發射一系列的砲彈，包括錐形裝藥砲彈作為反戰車利器。

照片最前面的黨衛軍裝甲擲彈兵手持一把裝置須斯貝克（Schiessbecker）榴彈發射器的卡爾（Kar）98K步槍。它能夠發射翼穩槍榴彈，可是射程十分有限。

一群黨衛軍砲兵正在東線戰場的雪地上操作一門33型重步兵砲。這門步兵砲的砲輪為橡膠胎，代表它是由引擎車輛所運來。

33型重型步兵砲

　　分析一次大戰的戰術所得到的教訓是：步兵營必須擁有自己的火力支援重砲，而且操作這些武器的砲兵得編入步兵營裡。如此一來，他們便不需要太過仰賴砲兵營的重砲支援，能夠立刻提供強大的火力掩護步兵作戰。

　　德製150公釐33型重型步兵砲（schwere Infantriegeschütz, sIG33）即是一款出色的步兵支援武器，但在1936年之前仍不為德軍接受。二次大戰初期，機械化師亦配備少數重型步兵砲，並且由馬匹來拖曳。

　　儘管稱為步兵砲，可是德軍實際上把它當作榴彈砲使用。1943年以後，33型重步兵砲逐漸為德國仿造的蘇製120公釐迫擊砲取代，後者操縱起來要容易得多。

無後座力砲

　　自一九五〇年代至一九九〇年代，「北約」（NATO）廣泛使用的無後座力砲之設計原理，可追溯到二次大戰的德製七十五公釐、十倍徑的40型輕型火砲（Leichtgeschütz 40. L/10）。這款火砲於一九四一年的克里特島戰役中首次登場，是開放式後膛的無後座力武器。後來的七十五公釐43型無後座力砲（Rückstossfreie Kanone 43）；一〇五公釐、十三倍徑的40型輕型火砲；一〇五公釐、十七·五倍徑的42型輕型火砲；及一〇五公釐的43型輕型火砲都採用這樣的設計。無後座力武器所射擊的砲彈以易碎裂的塑膠為底，這是為了確保點火時，推動砲彈的瓦斯會經由後膛的文氏管（Venturi）向後排出，而傳統火砲的緩衝與復進裝置則會吸收後座力。如此的設計使得七十五公釐、十倍徑40型輕型火砲相當輕便，作戰重

正準備毀壞兩門德軍150公釐33型重型步兵砲的蘇聯士兵。這款步兵支援武器的重量太重，代表他們在變化無常的東線戰場上經常遭到遺棄。

照片中，一群德軍砲兵正在為他們的33型重步兵砲建立射擊陣地。就步兵支援武器來說，這款步兵砲的重量過重，顯得礙手礙腳，可是它的射程很遠（4,700公尺），能夠有效掩護步兵作戰。況且，這款步兵砲的火力足以摧毀大部分的敵軍陣地。

量只有一百四十五公斤而已，裝填五·八三公斤的砲彈最遠射程可達六千八百公尺。

　　七十五公釐43型無後座力砲發射四公斤的砲彈，有效射程二百公尺，卻經常用來對付三百公尺外的目標，它的重量僅有四十三·一公斤。這款無後座力砲發配給少數部隊使用，可是不怎麼受歡迎。

空投火砲

　　一〇五公釐、十三倍徑的40型輕型火砲於一九四三年投入戰場，原本打算作為德國傘兵的空

一門德製75公釐36型山地輕型步兵砲。儘管這款火砲重達750公斤，卻可拆解成八個組件來運送，而且它的性能穩定又容易操縱，所以相當受到山地部隊的砲兵歡迎。

一名躲在散兵坑的德軍步兵正在準備他的反戰車武器。碟形地雷（Tellermine）的旁邊是集束手榴彈，以數顆德軍標準的柄式手榴彈捆在一起，作為權宜之計的武器。當中央的手榴彈爆炸之際，亦會觸發其他的手榴彈，足以產生1.2公斤炸藥的爆炸威力。

投式支援火砲，所以能夠拆解成四個配件，裝在箱子裡運送。一旦組裝完成後，該型火砲還可由SdKfz2型小型半履帶摩托車（kleines Kettenrad）拖曳。一〇五公釐的40型輕火砲重約三百八十八公斤，可投射十四‧八公斤的高爆彈至七千九百五十公尺的距離。一〇五公釐、十七‧五倍徑的42型輕型火砲和一〇五公釐43型輕型火砲的性能則大同小異，只是前者重五百五十二公斤，後者為五百二十三‧七公斤。重量增加是因為他們採用鋼製而非輕合金。43型輕火砲的產量不多，卻不需要任何工具即可組裝，是一款出色的步兵支援武器。

這些無後座力砲的戰術缺點是他們會產生「後焰」（back blast），這代表火砲擊發時成員必須待在兩側，而且後焰所激起的塵埃亦會暴露陣地的位置。

在1916年的凡爾登之役中，德軍即廣泛使用火焰發射器作戰。二次大戰期間，德國國防軍再次派火焰噴射器小組出擊。

爐管

　　二次大戰爆發之際，德軍步兵便使用簡單的七・九二公釐反戰車槍械，即38型與39型反戰車步槍（Panzerbüchse）。然而，隨著戰爭持續進行，他們愈來愈需要一款更強大且多用途的武器。於是，德國開發出一系列的火箭砲。

　　八十八公釐的43型或54/1型反戰車火箭砲（Raketen Panzerbüchse, RP）被德國宣傳部門命名「裝甲剋星」（Panzerschreck），儘管士兵們廣泛稱為「爐管」（Ofenrohr）。事實上，這款被大肆宣揚

哥利亞

　　德國人時常推出創新的發明，即使是他們的成果到頭來實用價值相當有限，「哥利亞」（Goliath）就是最好的例子之一。它是一種電線遙控的履帶式破壞裝置，由德國汽車製造商「布格瓦德」（Burgward）設計。哥利亞有汽油引擎和電動馬達兩款型式，供「德國遙控部隊」（Deutsch Fernlenk Truppe）的專家操縱。這種裝置可擔任各式各樣的角色，包括掃雷與戰車爆破。他們在1944年華沙叛亂的鎮壓行動中表現非常成功。德國總共生產了七千五百部左右的哥利亞。

很少有蘇聯裝甲車會成為哥利亞的犧牲品。自1943年起，蘇軍的戰術是先派戰車部隊的步兵掃除德軍反戰車小組。這款遙控破壞裝置很容易被輕兵器摧毀，而且遙控的電線也會暴露出操縱者的位置。

右邊這些截取自德軍訓練電影的照片，是為哥利亞的操縱者示範如何利用遙控破壞裝置進行反戰車任務。到了戰爭末期，由於德國的戰車產量遠不如盟軍，所以他們採取孤注一擲的反制手段。德國製造了大批的哥利亞，並運往戰場，一批特殊部隊亦會偕同這款武器抵達前線單位。哥利亞是用車輛或馬匹來運輸以節省它的電池或燃料。部署妥當之後，操作部隊還會巧妙地偽裝哥利亞，然後埋伏等待最佳的時機。當目標出現的時候，操縱者以電線遙控，引導破壞裝置接近目標，再予以引爆。

的反戰車火箭砲只不過是美軍M1型火箭投射器〔俗稱火箭筒（Bazooka）〕的擴大版而已。43型反戰車火箭砲重約九‧二公斤，54型為十‧五公斤，小巧的54/1型則重九‧四五公斤。所有的德製火箭砲都發射4322型或4992型火箭彈，他們皆是重量三‧三公斤左右的錐形裝藥且由火箭推進的投射體，最大射程分別為一百五十一公尺和二百零一公尺。火箭彈的彈頭裝載了〇‧六六七公斤的高爆炸藥，能夠貫穿二百一十公釐厚的裝甲。

「鐵拳」

另一款粗糙卻廣泛使用的反戰車武器為「鐵拳」，它是由火箭推進的錐形裝藥榴彈發射器，只能發射一次，於一九四二年底首度登場，到了一九四三年結束的時候已成為德軍相當普遍的裝備。30型小型鐵拳（Panzerfaust 30 klein）射程僅有三十公尺，但裝載的六百八十公克炸藥能夠擊破一百四十公釐、傾斜三十度的裝甲。後來，反戰車榴彈發射器改裝一五〇

這名國民衛隊志願兵正在示範如何正確使用鐵拳。他將這款反戰車榴彈發射器夾在手臂下，好讓榴彈擊發時的推進氣體從後面安全排出。不過，要打中目標卻是很大的問題，射手只能依靠一小片可彈起的照門對準投射體上的一小點準星，來進行瞄準。

鐵拳

德軍的「鐵拳」反戰車榴彈發射器是「胡果‧施奈德股份公司」（Hugo Schneider AG）海因里希‧朗懷勒爾（Heinrich Langweiller）博士的革命性發明，它是為了對抗蘇聯的T-34戰車而設計。到了1943年，鐵拳的產量每月可超過200,000顆。

性能出色的蘇聯戰車於1941年為德軍帶來極大的震撼，德國的反戰車砲只有在近距離平射才能摧毀他們。於是，德國的兵工廠競相發展步兵反戰車武器，儘管他們很快製造出優越的大型火砲，卻太過笨重，需要多名人員或車輛來拖曳。

當鐵拳於1942年底首度登場的時候，是一款獨一無二的發明。製造商所收到的指示為開發單兵用的反戰車武器，所以他們設計出一種整合火箭推進原理的無後座力砲，而且構造簡單，造價也很便宜。它只不過是一根中空的管子套上錐形裝藥榴彈，利用所謂的「門羅效應」（Munro Effect）來熔穿裝甲。榴彈的彈頭內有一個內襯為銅皮的錐形中空結構，開口向前，以確保炸藥引爆的時候，爆力力量集中於一點，在適切的距離擊破戰車裝甲。可熔穿金屬的噴流與超高溫氣體速度每秒達6,000公尺，這道噴流於裝甲上燒出一個洞，高溫熱氣和汽化的金屬都會徹底殺光戰車成員或是引爆車內的彈藥。

鐵拳相當適用於德軍在1943—1945年所施展的防禦戰術，盟軍戰車兵非常畏懼這款武器。鐵拳的產量龐大，若能在射程範圍內正確瞄準，每個德國人至少都可摧毀一輛盟軍戰車。

公釐的榴彈，高爆炸藥量增加到一·五八公斤，可貫穿二百公釐的三十度傾角裝甲，射程為六十公尺，改良的大型榴彈則可達一百公尺。到了大戰尾聲之際，工程師甚至著手提升鐵拳的射程與性能。不過，能夠重複使用的250型鐵拳尚在測試階段，德國即宣告投降。

戰車殺手

為了摧毀敵方戰車，德軍還使用一些非常不尋常的武器，包括小型投擲式地雷（Panzerwurfmine）。這款特殊的地雷實際上是一顆一·三五公斤的手榴彈，頂部卻設置錐形裝藥彈頭，承載百分之五十的三硝基甲苯（TNT）和百分之五十的環三亞甲基三硝胺

為了阻止盟軍繼續挺進，德國人孤注一擲地組成「國民衛隊」（Volkssturm），原先認為不適合派往前線的人員都配備了鐵拳榴彈發射器。經過簡單的訓練之後，國民衛隊的成員旋即投入戰場作戰。

鐵拳的錐形裝藥榴彈可熔穿200公釐厚，傾斜30度的裝甲，能夠摧毀任何盟軍戰車。因此，戰車的成員都會在車殼上加裝額外的防護，包括堆沙包或焊接備用履帶。

第一款大量投入服役的反戰車榴彈發射器為30型鐵拳，數字「30」指的是其射程為30公尺。射程過短是早期型鐵拳最大的缺陷，射手必須冒險接近敵方戰車才能投射。最後一款鐵拳的射程則可達到100公尺。

（RDX）混合炸藥。投擲之後，把柄上的四片帆布製穩定翼即會打開，確保榴彈能夠準確地命中目標，再引爆錐形裝藥彈頭。張開帆布穩定翼的投擲式地雷看起來十分奇特，最遠可飛到三十公尺左右，能夠有效擊破戰車。戰後，蘇聯軍隊亦加以仿造。儘管這種地雷很成功，其他盟軍卻未仔細研究，美國人甚至經常誤用，以為是一款特大的手榴彈，還像擲標槍一樣地投擲它。

磁性地雷

三公斤重的錐形裝藥附著式武器（Haft Hohlladung）是一款裝載強力黃色炸藥的磁性地雷。操作它的時候，士兵會以圓錐形地雷外緣上的三塊磁鐵吸住戰車的裝甲，再拉開摩擦式點火器予以引爆，他有四至七秒鐘可以逃離。此外，德國還開發出「濟

美特」（Zimmerit），是一種膠狀防磁塗料，能夠防範敵人以擄獲的磁性武器對付自己的戰車。

若德國士兵沒有特殊的反戰車武器可以使用，他們就以集束手榴彈（Geballte Ladung）來爆破戰車。這個權宜之計的武器是將六顆德軍標準手榴彈的握柄拆除，再把這些彈頭圍繞一顆普通手榴彈以電線捆在一起。如此一來，即可產生強大的爆炸威力。

炙熱的火焰

在一次大戰的凡爾登之役（Battle of Verdun）中，德軍是使用火焰發射器的先驅，他們於二次大戰期間亦利用幾款火焰發射器作戰。

德製35p型火焰發射器（Flammenwerfer 35p）的炙熱火焰可投射到二十五至三十公尺的距離，但承載的燃料只夠持續噴發十秒鐘。它的設計簡單，扣下扳

機後氮氣槽內的加壓氮氣即會噴出，同時點燃汽油。該型火焰發射器後來為40型與41型火焰發射器取代，他們都是「救生圈形」的圓筒狀火焰發射器，射程與35型差不多，汽油罐容量卻僅有一半。41型火焰發射器是由氫氣加熱來點燃，可噴發五次，能夠產生攝氏七百至八百度的火焰。另外，42型火焰發射器則用瓦斯來取代汽油，因為在冰天雪地的蘇聯，液態汽油經常會結冰。它以十發九公釐無緣空包彈來點燃瓦斯，足以噴發五或六次，每次持續三秒鐘，射程二十五至三十五公尺。

到了大戰尾聲之際，德軍還使用46型衝擊火焰發射器（Einstossflammenwerfer 46）。它原是為了因應傘兵部隊的作戰需求而開發，是一種單發式的用過即丟武器，只能噴發一、兩秒，射程三十八公尺遠。德國人曾經在一九四五年的柏林保衛戰中以這款火焰發射器對抗盟軍。

「人性化」的武器

如同許多二次大戰前或進行中所開發的裝備，德軍亦時常推出既創新又「人性化」的步兵支援武器。然而，德國人不太著重設計的簡單性和量化生產性，主要的軍火製造廠都允許耗費太多的時間與精力在一些被形容為「新奇設計」的發明上，因此，他們終究打不贏這場戰爭。

「裝甲剋星」是德軍仿造的美製M1火箭筒，有效射程約150公尺。照片中的這款武器還設有小型的護盾，以防止火箭擊發時的後焰燒到射手。裝甲剋星基本上為近戰武器，射手必須靜待戰車進入射程之後才能發射。一般說來，一發火箭即可摧毀目標。

德國空軍的地面部隊：戈林的私人軍隊

一九四二年戈林要求德國空軍的志願兵以地面部隊的身分前往蘇聯作戰。如同黨衛軍的頭子海因里希·希姆萊，戈林此時也有了一批私人軍隊。

戈林聲明：「任何加入地面部隊的人都必需有大膽的心，如果士兵在戰鬥中展現了勇氣，就可以得到晉升和獲頒獎章。」約有二十五萬人響應了戈林的號召，然而，到了他們的領袖於一九四五年投降之際，大部分都戰死在蘇聯的雪地上。

希特勒要求戈林從德國空軍各單位中挑選五萬名多餘的人員投入前線作戰。德國陸軍極需補充兵員，年度的召集令已提前發布，以彌補他們在一九四一年所蒙受的七十五萬人傷亡。此刻，正是德軍一九四二年夏季攻勢的高潮，希特勒打算控制高加索地區的油田，但前線單位的兵力嚴重不足。況且，窩瓦河（Volga）一帶的戰役演變成血腥的消耗戰，第6軍團力圖在冬天降臨之前，占領史達林格勒。

第一支地面部隊

事實上，德國空軍的地面部隊很早就來到前線作戰，少數志願兵參與了最初幾場戰役。當德軍在蘇聯渡過第一個寒冬的時候，他們的兵力問題已瀕臨危機。於是，戈林自願組織幾個步兵團協助守衛防線。一九四二年一月至二月間，七個德國空軍野戰團（Luftwaffe Field Regiment, LwFR）成立，各團四個營，旗下還有重型迫擊砲連和一個八十八公釐砲連。這些野戰團沿著列寧格勒至克里米亞的防線，支援德國陸軍作戰，儘管有所助益，帶來的衝擊卻相當有限。

其中一個德國空軍野戰團參與過捷姆昂斯克

如果所有的德國空軍地面部隊能像傘兵一樣，身懷高超的戰技和勇氣，德國空軍的野戰師絕對可以贏得如黨衛軍的戰鬥聲譽。然而，對戈林的野心來說，很不幸地，他的步兵師團大部分訓練不佳，也欠缺優秀的領導。

（Demyansk）口袋戰役，為受困的友軍解圍。麥恩德爾（Meindl）將軍還把第1、第2、第3與第4德國空軍野戰團組織成一個戰鬥群，又稱「麥恩德爾師」。他們在整年裡奮戰不懈，並於霍爾姆（Kholm）附近的長期激戰後，展開反游擊行動。麥恩德爾師的部分單位在一九四二年秋與第5德國空軍野戰團合併，編成第一個德國空軍的野戰師，即第1德國空軍野戰師（1. LwFD）。而麥恩德爾師則於一九四三年初改番號為第21德國空軍野戰師。

不受歡迎

然而，資深的將領，尤其是曼斯坦和華里蒙特（Warlimont）將軍極力反對如此濫用人力。他們主張把德國空軍的地面戰鬥人員編入現有的陸軍單位裡，這會比倉促組成新部隊，且由不勝任的軍官與士官來領導還要有效率。

在一九三九年至一九四○年間，戈林倒楣的志願兵同樣受到黨衛軍的冷漠對待。何況，他們沒有時間接受訓練，亦無合適的裝備，根本不可能像希姆萊的精銳部隊一樣，贏得輝煌的勝利。

戈林的野戰師裝備欠佳，引擎車輛始終不足，所以只能依賴馬匹，甚至還得使用一戰時期的武器。

兵力不足

德國空軍的野戰師編列了四至六個步兵營（各營三個連），還有騎乘腳踏車的偵察連（他們使用各式各樣的交通工具），及一小批行政與後勤參謀。這樣的兵力只有德國陸軍標準步兵師的一半而已。

此外，德國空軍野戰師的訓練水準遠不如正規軍，擅長作戰的軍官與士官甚少，他們經常在有機會學習之前，就匆忙上場戰鬥。各個師亦未聯合在一起，卻零散地因應德軍的人力危機而派往不同的戰區。例如，前十個緊急趕赴蘇聯的師，有些加入注定失敗的史達林格勒解圍行動，其他則來到北方集團軍的冰冷壕溝裡。

大屠殺

戈林的地面部隊剛抵達蘇聯沒多久，就有三個師被殲滅。第8德國空軍野戰師於十一月二十五日在莫洛左夫斯克（Morozovsk）下了火車，並冒著大風雪行軍，前往支援史達林格勒的守衛部隊。不過，那裡的防線已經崩潰，大草原上沒有友軍單位，只有大群的T-34戰車，德國空軍的士兵根本無力招架蘇聯戰車的攻擊。麥恩德爾令生還者與國防軍的步兵師並肩作

新成立的德國空軍野戰師及時抵達蘇聯前線,參與史達林格勒之役。他們的訓練不佳,裝備拙劣,卻倉促投入作戰。

德國空軍的地面部隊在蘇聯前線對抗紅軍的戰車軍團而蒙受慘重的損失之後,許多單位即被派去執行較不吃力,卻依然血腥的反游擊行動。

戰;當第7德國空軍野戰師企圖突圍與第6軍團會合而蒙受慘烈的損失後,麥恩德爾亦下了同樣的命令。

向史達林格勒發動攻勢的蘇軍,實際上是兩個打算切斷德軍退路的龐大部隊中較小的一個。朱可夫(Zhukov)元帥則對坐鎮於勒日夫(Rzhev)突出部的第9軍團展開正面進攻,不幸的第2德國空軍野戰師就防守那裡。即使是滿編的德軍步兵師都難以承受如此強大的壓力,遑論戰力欠佳的第2德國空軍野戰師。這個部隊很快就被擊潰,也驗證了德軍將領的憂慮。

德國陸軍內部的指責聲浪四起,抨擊浪費這麼多的人力組成訓練與裝備欠佳的部隊,只因為戈林的政治影響力。殘餘的德國空軍野戰師大部分都調去掃蕩游擊隊,他們的前途尚有待討論。

麥恩德爾將軍想要把德國空軍的地面部隊轉型為一個特殊單位,協同裝甲師作戰;彼得森(Petersen)將軍則打算利用他們補充空降師的兵員。曼斯坦元帥提出陸軍的看法,認為應該把德國空軍的人員整合進正規軍隊裡。一九四三年九月二十日,希特勒做出偏袒陸軍的決定。

戈林企圖仿傚希姆萊的黨衛軍建立一支戰功彪炳的部隊,到頭來還是一場空,他的師被編入了國防軍,而且全部高階軍官立刻被撤換。德國空軍則保留專業人員作為報復,有許多轉調到傘兵師或防空砲師裡。然而,到了一九四四年夏,德國空軍再次被迫調派人力給陸軍,有些甚至去填補黨衛軍的戰力缺口。例如,諾曼第的黨衛軍裝甲軍上百名的替補人員即是從德國空軍調來。

大西洋長城

諾曼第之役前夕,德國空軍有五個野戰師守護著「大西洋長城」(Atlantic Wall)。作戰期間,第16與第17德國空軍野戰師很快就遭擊潰。此外,於一九四四年八月前往支援的第18德國空軍野戰師亦在撤退到法國北部和荷蘭的過程中,逐步被殲滅。最幸運的或許是第14德國空軍野戰師,他們是留在諾曼第的龐大衛戍部隊之一,卻未與敵軍交戰。

地面上的德國空軍部隊

　　除了傘兵之外，德國空軍很早就建立了幾支地面戰鬥部隊。戈林擔任普魯士總督期間，便決定在警備隊裡組織一個準軍事單位。這個「戈林將軍國家警備隊」（Landespolizeigruppe General Goering）原是為了掃除政敵而設立，德國於1935年3月重啟徵兵之後，乃擴大為「赫曼‧戈林團」（Regiment Hermann Goering）。該團隸屬於德國空軍，兵力包括兩個「輕裝步兵營」（Jäger），加上工兵連和摩托車偵察連。1938年，輕裝步兵營解散以編組德國第一個傘兵營，赫曼‧戈林團的其餘人員則轉調至防空砲單位。然而，在1942年3月1日，這個團再度復活，並擴大為「強化赫曼‧戈林團」（Reinforced Hermann Goering Regiment），擁有三個步兵營，配備支援火砲、工兵和偵察單位。7月21日，他們又擴編為旅級單位；10月17日於法國南部正式成師；翌年夏再重組為裝甲師。

赫曼‧戈林裝甲師於盟軍登陸西西里島之際，及時重組，他們在那裡贏得極高的聲譽。接下來的義大利保衛戰中，這個裝甲師再次大顯神威。

赫曼‧戈林師的成員正搭著德國傘兵的便車，拍攝於突尼西亞。不到三個月，該師大批的士兵不是戰死沙場，即是被俘。

雖然六個德國傘兵師當中只有兩個師的士兵具備空降資格，但他們的聲譽極佳，所有的單位都自認為是菁英。德國傘兵部隊亦在各大戰區上展現出高超的作戰效率。

一名戰死在諾曼第某處農莊的德國空軍步兵，他手中還握著未擊發的鐵拳反戰車榴彈發射器。諾曼第登陸戰期間，德國空軍的部分前線單位奮戰不懈，而且表現優異，可是其他的部隊，尤其是防守大西洋長城的第二線單位則在面對排山倒海而來的盟軍時，並未多做抵抗。

相對於德國空軍野戰師悲慘的服役史，赫曼‧戈林師則是一個擁有極佳聲譽的武力。該師以先前的傘兵為核心，再從德國空軍的其他單位中徵調五千名優秀人員組成，是一個精銳裝甲部隊。它仍隸屬於德國空軍，但制服、裝備與特質都和黨衛軍相當。

在赫曼‧戈林裝甲師完成編組以前，該師的大部分士兵於一九四二年十一月搭船前往突尼西亞作戰，而且在冬季戰役中表現非常出色。然而，他們同樣蒙

受了慘重的損失，當「非洲裝甲軍團」（Panzer Army Africa）於一九四三年五月放棄抵抗之際，許多德國空軍的菁英亦被迫跟著二十五萬名軸心國部隊投降。不過，一些重要部隊撤離到西西里島，法國南部也還有一批骨幹單位。赫曼‧戈林師於一九四三年七月十五日正式重建，可是他們已經在沙場上，再次展現雄風。

一九四三年七月十日，盟軍登陸西西里島，美國部隊在蓋拉（Gela）上岸。翌日，赫曼‧戈林師的先鋒即向美軍發動猛烈攻擊，第15裝甲擲彈兵師和義大利利佛諾（Livorno）的幾個師亦予以支援。然而，在強大的海軍艦砲與戰機轟炸之下，赫曼‧戈林師的攻勢被抵擋下來，他們退到墨西拿（Messina），並展開一場相當成功的後衛行動。該師隨後也跟著其他德軍撤退到義大利半島。

軸心國部隊在義大利防線上進行巧妙的部署，準備迎戰登陸薩萊諾（Salerno）的盟軍。赫曼‧戈林裝甲師再度出擊，他們的高超戰技與勇氣彌補了兵力的不足，還有已經捉襟見肘的後勤補給。這個師又一次發動後衛作戰之後，另一場激烈戰役旋即開打。德國空軍的精銳裝甲部隊持續對抗盟軍的進犯，直到退出戰區去整裝休息為止。正當赫曼‧戈林裝甲師進駐下一道防線之際，尤里烏斯‧施勒格爾中校（Oberstleutnant Julius Schlegel）則在洽談移走留存於卡西諾山（Monte Cassino）修道院裡的油畫、中古時期手卷和雕像。三個星期以來，施勒格爾的人馬忙著搬運這些藝術品，包括聖本篤（St Benedict）的歷史遺跡。

戈林的資產

一九四四年一月，這個德國空軍的精銳部隊改名為「赫曼‧戈林傘兵裝甲師」（Fallschirmpanzerdivision Hermann Goering）。不過，他們在冬季作戰和安齊奧（Anzio）反攻中，兵力已快消磨殆盡，六月的羅馬保衛戰又蒙受慘重的損失。七月，該師撤離義大利，他們倉促整裝後立刻前往東線

戈林的失敗

戈林早就了解他的前途黯淡。希特勒指責德國空軍無法在1940年取得英國上空的制空權，而且先前他自吹自擂地說沒有人能夠轟炸第三帝國，但英國皇家空軍的轟炸機指揮部（RAF Bomber Command）此時卻發動了首次的「千機大轟炸」。英國戰機愈來愈密集的進犯使得德國空軍的將領，尤其是戈林成為眾矢之的，希姆萊的安全機關甚至刻意讓一些不利戈林的小道消息傳給希特勒的親信知道。因此，戈林提供了十萬名的人力協助國防軍作戰，而非希特勒所要求的五萬名，並承諾會把他們塑造成強大的師團，以挽回自己的政治前景。不久，當德國空軍的地面部隊受困在史達林格勒之際，戈林亦是出於同樣的原因，下令野戰師堅守該城。戈林仍是希特勒指定的接班者，所以他準備賭上數萬名士兵的性命，來挽救他的聲望。

戈林授權組織第18空降軍（XIII Fliegerkorps），由麥恩德爾中將指揮，並打算建立二十二個師。第7空降師（後來改番號為第1空降師）的指揮官，亦是蘇聯戰場上的老手，彼得森少將則擔任德國空軍野戰師的總監。他們想要盡快投入十個師上場作戰，至1943年時再編另十一個師。於是，第2、第3、第4、第5與第6師在德國北部的大伯恩（Gross-Born）成立，而第7、第8、第9與第10師則於東普魯士的密勞（Mielau）。空降單位在德國空軍的野戰師裡非常重要，他們是戰力最佳的核心。矛盾的是，隨著克里特島戰役結束之後，再次發動空降突擊的可能性逐步降低，德國傘兵的力量卻反而得到進一步擴充，還從列寧格勒、艾拉敏（El Alamein）、突尼西亞和卡西諾的戰役中，贏得極高的戰鬥聲譽，並吸引了德國空軍的其他志願菁英加入他們的行列。

赫曼·戈林在權力高峰的時候，是納粹德國地位僅次於希特勒的人物。不過，他的政敵希姆萊利用黨衛軍建立了一個強大的國中之國。德國空軍失去優勢以後，戈林也企圖仿傚希姆萊，組織私人軍隊，創造自己的國度。

戰場。由於蘇聯紅軍的大規模攻勢逐步威脅到維斯杜拉河（Vistula）的防線，所以德軍正在華沙城外，準備發動反擊。

九月，這個師擴編為「赫曼·戈林傘兵裝甲軍」（Fallschirmpanzerkorps Hermann Goering），但戰力卻名不副實，只是將原來的師一分為二，再加上幾個步兵營而已，人員與裝備匱乏的問題從未得到解決。赫曼·戈林傘兵裝甲軍於一九四五年一月參與了東普魯士的保衛戰，並在三月設法從美梅爾（Memel）口袋裡逃出，生還者散布於波美拉尼亞（Pomerania）與丹麥之間。該軍殘餘的單位後來併入「大德意志裝甲軍」（Panzerkorps Grossdeutscland）持續進行抵抗，直到五月向蘇聯投降為止。

良莠不齊的軍隊

戈林的「私人軍隊」可說是良莠不齊。儘管德國傘兵和赫曼·戈林師皆為大戰中最優秀的戰鬥單位，但戈林欲建立一支作戰聲譽能媲美黨衛軍的部隊卻徹底失敗，大批人力倉促投入戰場導致悲劇性的後果。德國國防軍耗費了一年的時間才說服希特勒放棄德國空軍的野戰師，在這段期間內，已有成千上萬的士兵因為戈林的自負而犧牲性命。

視察德國空軍訓練單位的戈林元帥，拍攝於1944年夏。到了那個時候，戈林欲建立私人軍隊的妄想已經破滅，他的部隊大多編入國防軍或黨衛軍，而高階軍官則被不向戈林效忠的人士取代。

輕型防空砲：戰場上的防空利器

德國國防軍相當了解野戰空防的重要性。在大戰爆發之際，德國的武裝部隊比其他對手更能承受空中的打擊。

──次大戰剛開始，德國的防空砲（Flugzeug Abwehr Kanone, Flak）即扮演關鍵的角色。「Flak」這個德文縮寫甚至列入西方國家的字典裡，並在西元二十世紀下半葉成為廣泛運用的詞彙。像是大戰時期，美國陸軍航空隊的轟炸機組員就稱呼防空砲的厚重裝甲為「Flak夾克」（Flak Jackets）。

輕型防空砲的功能是近距離抵禦低空來襲的轟炸機或戰鬥轟炸機，即使未能擊落，亦可逼迫敵機高飛，再交由大口徑的重型武器如八十八公釐高射砲來對付他們。

七·九二公釐MG34與後來的MG42通用機槍，為最輕的防空武器。前者是德國步兵在一九三九年的標準配備，盟軍廣泛稱為「史潘導機槍」（Spandau）。它的槍口初速每秒七百五十五公尺，有效射程二千公尺，但用來掃蕩敵機時，有效射程驟減至一千公尺左右。這款機槍的循環射速每分鐘可達九百發，由七十五發鞍──鼓形彈匣或五十發布製彈帶給彈。

MG34於戰爭期間為MG42取代，後者的造價比較便宜，採用壓製金屬和焊接技術來量產。新型機槍的槍口初速與射程和MG34差不多，但循序射速較快，每分鐘約一千五百五十發。

在對付速度飛快的航空器時，射速十分重要。兩挺MG34機槍架上專用的36型雙腳架（Zwillingswagen 36）即是非常有效的防空利器。一九三九年至一九四〇年間，36型機槍雙輪車（MG Doppelwagen 36）亦名列德軍的裝備清單上。這個像是臨時改裝的防空機槍車是由馬匹或引擎車輛拖曳，能夠搭載一人，射擊雙聯裝的MG34機槍。此外，許多裝甲車和列車也採用這樣的搭配作為防空武器。

德國陸軍並未使用重型機槍，可是配備十五公釐的MG 151/15型以提供更強大的防空火力支援。這款機槍原是毛瑟公司（Mauser）為了提升德國空軍戰鬥

機如Bf109和Fw190的武裝而設計，但自一九四四年夏起也發配給防空部隊。他們必須架設在SdKfz251/21型半履帶車上，因為該型機槍是由電力來運作，需要二十二至二十九伏特的直流電擊發。每輛裝甲車可承載三千發的子彈。

二十公釐口徑的機砲擔任防空角色更有效率。它的尺寸夠小，能夠以很高的射速開火，所擊發的子彈也夠大，可裝置高爆彈頭。大戰爆發之際，德軍配備的二十公釐防空武器包括Flak30型、Flak38型、38型輕型山地防空砲（leichte Gebirgsflak 38）與四聯裝38型防空砲（Flakvierling 38），全是利用後座力來運作，可單發或連發射擊，由二十發彈匣給彈。在野戰場上，德軍會於砲座前方加設輕裝甲，但防衛帝國時經常拆除。砲兵小組通常搭配三款光學望遠鏡，即21型線形瞄準器（Linealvisier 21）、38型防空砲瞄準器（Flakvisier 38）與30/38型迴轉式瞄準器（Schwebekreisvisier 30/38）。德國出色的光學瞄準系統給予了防空砲手相當大的優勢，許多盟軍火砲都只裝設簡單的圓圈形金屬準星而已。

機動防空砲

Flak30防空機砲的作戰重量為四百八十三公斤，可發射高爆彈或穿甲彈，最大垂直射程二千一百公尺，水平射程二千七百公尺，實用射速每分鐘一百二十發。Flak38防空機砲則是改良型，比前者輕了八十公斤，射速卻增加兩倍。

這兩款輕型防空砲還架設在各式各樣的輪式或半履帶式車輛上，包括SdKfz251型與SdKfz10型。一九四三年登場的38(t)型輕型防空戰車（Leichte Flakpanzer）是德軍第一款全履帶式的防空自走砲（SP AA Gun），以改良的38(t)型戰車為底盤，並在後面設置Flak 38型防空機砲。

四聯裝38型防空砲原是毛瑟公司為德國海軍所設計的艦載防空武器，由四門Flak38型機砲組成，射手是踩踏兩塊扳機來擊發火砲。它有三個座位，其中一個給射手，另兩個予以左、右填彈手坐，下面還裝置一個三角形的基座，利用水平千斤頂升降。德國空軍與國防軍都廣泛使用這款武器，無論是固定式或自走式，整個帝國和歐洲占領區都看得到他們的身影。

家具貨車

SdKfz7型半履帶車是以8(t)型中型拖車（Mittler Zugkraftwagen）為底盤，架設二十公釐的四聯裝38型防空砲，又稱四聯裝38型防空自走砲（Selbstfahrlafette Flakvierling 38）。晚期型車還為砲手與駕駛設置厚重的裝甲防護。

另外，德軍尚有兩款非常出色的四聯裝38型防空自走砲。其中一款是用四號戰車底盤（Fgst PzKpfw IV）改裝的四號防空戰車（Flakpanzer IV），於一九四三年投入服役，德國人還因為它的奇特外形而暱稱「家具貨車」（Möbelwagen）。該型戰車的防空砲座四面設有十公釐厚的附鉸鏈裝甲板，射擊時能夠打開。另一款架設四聯裝38型砲的旋風式（Wirbelwind）防空自走砲則以四號戰車3型底盤（Fgst PzKpfw IV/3）來研發，於一九四三年底登場，是更傑出的設計。

盟軍的空中威脅

三十七公釐防空砲的尺寸比二十公釐武器更大，且更難命中目標。儘管它的火力強大，射速卻無可避免地下滑。大戰期間，德軍擁有四款三十七公釐口徑的防空快砲，即Flak18型、Flak36型、Flak37型與Flak43型。

前三款防空砲是以砲彈擊發的後座力與殘餘瓦斯的氣體壓力來運作，實用射速和循環射速分別為每分鐘八十發與一百六十發（Flak18型），或一百二十發與一百六十發（Flak36型和Flak37型）。這些火砲採用彈夾器側邊給彈，可發射高爆曳光彈、高爆曳光燒夷彈、高爆穿甲彈、高爆燒夷彈或普通高爆彈。

雖然Flak43型防空砲的外觀與舊型砲相似，實際上卻是以萊茵金屬公司的MK103型機載加農砲為基礎所開發的地對空火砲。它採氣動式運作，實用射速和循環射速分別為每分鐘一百八十發與二百五十發，最大垂直射程四千七百八十五公尺，水平射程則為六千四百九十公尺。

半履帶車和戰車底盤同樣是三十七公釐防空砲的最佳機動載具，其中SdKfz6型與SdKfz7型半履帶防空砲車最為普遍，早期型是開放式的平台，晚期

一群防空砲兵正在一輛架設37公釐Flak36型防空砲的四號戰車上受訓。輕型防空砲單位可分為機械化與非機械化部隊,前者會跟隨軍隊主力至前線作戰。

防空砲部隊的士兵分散在德國的各座學校接受初步訓練。德軍的防空砲訓練強調團隊合作,還有特別注意彈藥的供給。

防空砲射擊!

　　德國的防空砲部隊是在1930年代拼湊而成,卻仍須努力擺平內部的各項安排和運作方針。他們被迫在納粹德國的派系鬥爭中做出決策——這是第三帝國的一個基本原則,即沒有單一組織能夠掌控任何具有特殊機能的事物。所以,正當德國國防軍為其新的防空角色進行再武裝之際,德國空軍也忙著做同樣的工作。原本德國應該要有專門的防空師來負責空防,並由德國空軍承擔起捍衛第三帝國

一輛架設四聯裝20公釐Flak38型防空機砲的SdKfz7/1型半履帶車,正在法國南部守護港口設施。這款防空砲車於1940年首度引進,成員為十名。

推動防空砲進入或撤離射擊陣地是相對輕鬆的工作。Flak38型防空機砲配備特殊的升降系統,並設有鋼管架供拖車運輸。

20公釐Flak30型防空機砲的組員正在模擬對抗「敵機」,拍攝於1935年的紐倫堡大會上。這款防空機砲是由萊茵金屬─波爾希公司設計,並於同年投入國防軍服役。

旋風式防空自走砲是以四號戰車為底盤,並設置多面裝甲砲塔,配備四聯裝的Flak38型防空機砲。這款戰車於1943年投入服役,主要擔任防空火力支援的角色,以反制愈來愈強大的盟軍空中威脅。

領空的職責,而國防軍的輕型防空砲部隊則執掌野戰防空任務。不過,這樣的計畫非但沒有實現,新裝備的採購還導致不同軍種間的鬥爭惡化。黨衛軍加入戰局以後,又使情況更加複雜。負責野戰空防的單位經常發現他們的裝備與彈藥被其他單位奪取,尤其是陸軍的防空砲部隊。

架設在裝甲列車上的四聯裝Flak38型防空機砲,拍攝於1944年3月的東線戰場。這款出色的火砲能夠有效對付空中或地面目標,可填裝多種彈藥,包括高爆彈與穿甲彈。

部署在西非沙漠的一門20公釐Flak38型防空機砲,拍攝於1942年。毛瑟公司所設計的這款機砲克服了Flak30型的兩大缺點,即低射速和容易卡彈。

Flak30型防空機砲採用二十發彈匣給彈,成員一般為五名,其中一人操縱立體
測距儀(照片左邊的圓筒狀儀器)。這款防空機砲也經常用來對付地面目標。

架設一門20公釐Flak30型防空機砲的SdKfz10/4型半履帶車。這款半
履帶車的機動性高,能夠快速部署到各陣地執行空防任務,但主要設
計缺陷是成員的裝甲保護十分有限。

型車則有裝甲保護。四號戰車的底盤亦開發出兩款
三十七公釐 Flak43型防空自走砲,即四號「家具貨
車」自走砲(Sf IV Möbelwagen)和東風式自走砲(Sf
Ostwind)。

一群德國空軍人員正在義大利某處的固定陣地上,操作一門20公釐Flak38型防空機砲,拍攝於1944
年6月。雖然該型機砲的射速快,增加命中敵機的機率,可是彈頭內微量的高爆火藥無法確保「一
發斃命」。

防範低飛敵機最基本的武器即是防空機槍。照片中的
MG34通用機槍是大部分德軍戰車的標準防空配備。

除了德國設計與製造的輕型防空砲之外，德軍
也廣泛使用擄獲的武器。最成功的兩款是瑞典設計
的四十公釐 m/36 型輕型防空砲和蘇製的三十七公釐
M-39 型砲。前者又稱「博福斯砲」（Bofors Gun），
是以它的製造廠來命名，而蘇製火砲則為博福斯的仿
造品。

M-39 型砲的作戰重量約二千公斤，操作組員八
名，採用五發夾彈器給彈。這款火砲擔任反戰車角
色時還能夠於五百公尺的距離貫穿四十六公釐厚的裝
甲。瑞典的 m/36 型「博福斯砲」重達二千一百五十公
斤，採四發夾彈器給彈，循環射速每分鐘一百二十至
一百四十發，實用射速為每分鐘七十發。

陸軍保護傘

由於輕型防空砲的彈道平直，而且砲口初速極
快，所以在大戰初期，是德軍十分理想的火力支援武
器，用來對付地面目標甚至多過防範敵機。在一九四
〇年的法蘭西之役中，野戰場上的德國防空砲和戰鬥
機使得速度緩慢的法國與英國輕型轟炸機無法靠近德
軍的裝甲部隊或運輸中心。

自一九四三年以後，德國空軍不再能主宰第三帝

國或歐洲的天空，曾經為防空砲部隊遺棄的大量曳光
彈便再次派上用場，以制止盟軍戰鬥轟炸機的肆虐。
架設於平坦屋頂或防空砲塔上的輕型防空砲，對低飛
的美國陸軍航空隊與英國皇家空軍戰鬥機和戰鬥轟炸
機是致命的威脅，因為當他們逼近目標時，這些防空
砲幾乎可以水平地射擊。

Flak38型防空砲相當受到對手敬重，盟軍一有機會就把擄獲的該型
武器投入服役。到了1944年底，美國陸軍甚至發放了這款防空砲的
英文操作手冊。

第三帝國的空中騎士：德國空戰王牌

二次大戰期間，德國空軍擁有最優秀的戰鬥機飛行員。無論是在東線或西線戰場，他們的空戰王牌都擊落了數以千計的盟軍戰機。

次大戰的時候，同盟國與協約國的「空戰王牌」（Ace）都會受到國民最熱情的款待。相對於那些在壕溝內廝殺的無名小卒，他們以騎士的作戰精神，締造輝煌的功績。

當時，擊落五架敵機的飛行員就有資格稱為空戰王牌，儘管不少傑出飛行員所創下的擊殺紀錄遠超過這個數目。在德國，想要獲得「功績勳章」（Pour le Mérite）的人還必需跨越更高的門檻，它是德意志帝國的最高榮譽，又稱「藍色馬克斯」（Blue Max）。赫曼·戈林於西元一九一八年擊落二十架敵機之後，才獲頒這個獎章。

自一九三九年起，由於希特勒的飛行員競相爭取「鐵十字騎士勳章」（Ritterkreuz），戈林亦得以主導類似的評定制度。如同一次大戰時期，獲獎的門檻總是會不斷提高，鐵十字騎士勳章的最高等級必須符合德國空軍最屬害的空戰王牌所締造的功績。這些王牌中的王牌又稱「頂尖高手」（Experte）。二次大戰

期間，德國空軍共有三十五位擊落一百五十架以上盟軍戰機的王牌，而前十名頂尖高手的擊殺總數更達到二千五百五十二架。

戰術優勢

希特勒於一九三〇年代中期派兵干涉西班牙內戰。因此，德國空軍的飛行員在大戰開打之際就已累積了豐富的實戰經驗。許多「兀鷹兵團」的成員後來都成為空戰王牌，包括赫赫有名的魏納·莫德士。他在當時即打下了十四架共和軍的戰機。

西班牙上空的戰鬥經驗導致德國空軍很早就放棄一次大戰時期的戰術，並發展新的空戰準則。這一點在二次大戰剛爆發時是德國空軍最大的優勢。雖然他們擁有出色的梅塞希密特 Bf109 戰鬥機，但英國噴火式的性能略勝一籌，颶風式由訓練有素的飛行員駕駛同樣能夠與 Bf109 匹敵。然而，英國皇家空軍於一九四〇年以前，還在使用老套的戰術。他們的中隊

堅持以緊密的三機編隊飛行，戰鬥機集中在一起彼此相互掩護，能夠時時注意天空，尤其是防範敵機從太陽的方向襲來，卻降低了作戰的靈活性。德國的戰鬥機則採鬆散的四機編隊，兩兩飛在一起，又稱「飛行群」（Schwarme，或譯小隊）。由於這樣的編隊就像張開手掌的前四根手指，英國人便直接稱呼為「四根手指編隊」（Finger Four），後來各國航空部隊也相繼仿傚。

一些德國飛行員在對抗英國皇家空軍時贏得令人欽佩的勝利。莫德士於英倫大空戰期間擊落了三十一架敵機，並在調往蘇聯之前，於西歐上空再打下二十二架。一九四〇年十一月二十八日早晨，赫爾姆特·威克（Helmut Wick）少校成為分數最高的空戰王牌，他摧毀一架噴火式，擊殺紀錄累積到五十六架。不過，威克的紀錄很快就被漢斯—約阿辛姆·馬賽勒（Hans-Joachim Marseille）上尉打破。馬賽勒最後擊落一百五十八架敵機，其中一百五十一架是於北非上空。他甚至在單日內打下十七架英國皇家空軍的戰機。

空中屠殺

英倫大空戰結束以後，德國空軍戰鬥機飛行員的成績便開始下滑，但這只是暫時的。另幾場可供他們大肆屠殺的戰役即將來臨。這個機會先是出現在北非，到了一九四一年六月，當「反共聖戰」展開之際，德國的空戰王牌又再次大顯神威。

帝國上空的戰鬥

然而，經過兩年下來的戰鬥，德國空軍已逐漸失去優勢。他們的首要任務轉為捍衛帝國的領空。英國的重型轟炸機於晚上出擊，美國的轟炸機則進行白晝轟炸。此時，德國空軍也出現了幾位夜戰王牌，其中兩位都創下一百架以上的擊殺紀錄。

白天，在帝國上空的戰鬥一開始是德國戰鬥機對抗沒有護航的美國陸軍航空隊轟炸機群。美國轟炸機採取緊密的編隊飛行，所以機載的重型機槍能夠布下令人畏懼的火網，驅逐戰鬥機。然而，一旦轟炸機脫隊，就很容易遭掠奪者擊落。

擊殺轟炸機也正式為德國空軍的「評比制度」認可，飛行員累積一定的分數即可獲頒獎章。摧毀一架四引擎的重型轟炸機能夠得到三分，迫使一架脫隊亦可計下二分，擊落一架戰鬥機只有一分。累計二十分的飛行員就頒給「黃金十字勳章」（Cross in Gold），四十分則贏取「騎士十字勳章」。

艾岡·邁爾（Egon Mayer）中校發現，對抗美國重型轟炸機的最佳戰術是直接從正面、略微上方發動攻擊，即「十二點鐘方位」，因為轟炸機的前射火力較薄弱，而且對駕駛艙一陣掃射，能夠確保轟炸機失控墜毀。不過，正面衝向轟炸機的速度十分恐怖，戰鬥機飛行員必須捉準時間開火（充其量只有一秒鐘），然後迅速脫離航道，否則就會與目標相撞。美國陸軍航空隊最後在 B-17 轟炸機的機首下方裝設砲塔來反制，但邁爾的戰術仍持續運用到戰爭結束。

一些福克—沃爾夫 Fw190 戰鬥機的武裝增加到六門二十公釐加農砲，提高飛行員在一次迎頭痛擊下就能摧毀轟炸機的機率。結果，額外的武器與彈藥使得戰鬥機的速度和機動性下滑，導致他們也需要護航，以防範盟軍單座戰鬥機的獵殺。此外，德國空軍還引進 R4M 型無導引空對空火箭來對付轟炸機群，但這同樣是用性能來換取火力。

無論戰鬥機的機型和配備的武裝為何，只有部分德國空軍飛行員能夠獲得成功。不過，至少有十五位頂尖高手打下二十架以上的四引擎轟炸機，還有三位超過三十架。

局勢逆轉

北美 P-51 型野馬式戰鬥機出現在柏林上空或許就已預示了大戰的勝負，儘管戈林極力否認有長程戰鬥機闖入帝國的首都。

到了一九四四年，許多德國空軍的王牌不再那麼幸運了。盟軍戰鬥機的性能已超越德國，數量更是大占優勢。況且，盟軍的飛行員是先受過嚴密訓練才投入戰場，德國空軍新手的作戰準備則每況愈下。盟軍戰鬥機部隊回報德國空軍飛行員的平均素質不斷下滑，儘管他們偶爾還是會遇上戰技高超的對手。

噴射機登場

在大戰的最後幾個月裡，一些德國空軍的王牌組

魏納·莫德士為西班牙內戰期間擊殺紀錄最高的空戰王牌，亦是第一位獲頒橡樹葉暨寶劍騎士十字勳章的飛行員。他總共擊落一百一十五架敵機，於1941年11月22日墜機身亡。

戈林麾下的「偶像」

無論喜歡與否，許多德國空軍的王牌都發現他們成為廣受歡迎的「偶像」。仰慕者的信件排山倒海而來，德國政府也拿他們當作宣傳。納粹黨員向來著迷於英雄崇拜，這些頂尖高手都有一股魅力，並且是德國青少年仿傚的對象。

漢斯─約阿辛姆·馬賽勒是西線戰場最厲害的打擊王牌，納粹媒體形容他是「非洲之星」（Star of Africa）。

> 「只要能夠擊落敵機，為祖國和李希霍芬聯隊增添光榮，我就感到心滿意足。我想要飛行，戰死在沙場上，並盡可能拉愈多的敵人陪葬！」
> ──赫爾姆特·威克，創下五十七次空戰勝利。

成了第 44 戰鬥機聯合部隊（JV44），即梅塞希密特 Me262 噴射機中隊。這個菁英單位配備世界上第一款作戰用噴射機，由幾位最偉大的飛行員來操縱，企圖扭轉頹勢。身為戰鬥機部隊指揮官的空戰王牌阿道夫·賈蘭德將軍飛過一架測試機之後便聲稱，數百架的 Me262 遲早能夠制止盟軍轟炸機的進犯。然而，未成熟的科技無法彌補德國空軍數量上的劣勢。梅塞希密特噴射機太過倉促投入服役，引擎發動的平均壽命只有十小時，相當不可靠，而且容易熄火。一具發動機故障通常還會導致整架噴射機螺旋形地下墜。

不過，即使在這麼不利的情況下，仍有二十二名 Me262 的飛行員成為噴射機王牌。海因茲·培爾上校（Oberst Heinz Bär）的十六架擊殺紀錄至今尚未被任何噴射機駕駛超越。當時，盟軍缺乏合適的噴射戰鬥機，所以只好在 Me262 的基地附近埋伏攻擊，可是德國空軍損失的梅塞希密特噴射機有一半就是於機場外遭受伏擊而墜毀。因此，飛行員必須盡可能貼近地面滑行返回基地，這後來被稱為「騎士跨高」（Knight's Cross Height）。

幾位傑出的空戰王牌陣亡之後，他們的名字亦被用來稱呼所屬的單位。像是第 51「莫德士」戰鬥機聯隊，即是為了紀念擊落一百一十五架敵機的魏納·莫德士而命名。十分諷刺地，他是在搭乘亨克爾客機返回德國參加恩斯特·烏德特的葬禮途中，墜機身亡。另外，華爾特·歐梭（Walter Oesau，一百二十三次擊殺紀錄）上校的名字也成為第 1 戰鬥機聯隊的隊名，他在一九四四年五月於阿登森林上空與一架 P-38 進行激烈的纏鬥後，遭到擊落陣亡。

燃燒之鷹

華爾特·諾沃特尼（Walter Nowotny）是位非凡的空戰王牌，因為「諾沃特尼」這個名字在他生前就被用來稱呼一支飛行特遣隊（Kommando）。他在德軍進攻蘇聯前夕以新手身分加入第 54 戰鬥機聯

隊,並於一九四一年六月至一九四三年十月間創下二百五十五架的擊殺紀錄,是少數獲頒橡樹葉、寶劍與寶石章飾陪襯騎士十字勳章的飛行員。這位二十二歲的奧地利人不久退出了戰場,可是一年後,諾沃特尼又被指派為一支 Me262 作戰測試單位的指揮官。

諾沃特尼的職責是把一個不成功的單位轉型為菁英部隊。賈蘭德將軍於一九四四年十一月七日進行視察時留下了深刻的印象。不過,翌日,諾沃特尼駕著一架 Me262 返回基地期間被一架野馬式逮到,他的噴射機只剩下一具引擎在運轉。這架野馬式戰鬥機是由美國陸軍航空隊的史蒂文斯(Stevens)中尉操縱,他在迴避德軍的防空砲之前只有短暫的時間可以向諾沃特尼開火,但最後 Me262 噴射機仍爆炸墜毀。諾沃特尼的遺骸被送回維也納,並舉行隆重的國葬

德國空軍的變節者

無論是在戰前或戰後,德國空軍試圖抹煞的一位空戰王牌是法蘭茲—約瑟夫·貝倫布洛克(Franz-Josef Beerenbrock)中士。他於一九四二年八月創下第一百次擊殺紀錄後,還獲頒橡樹葉暨騎士十字勳章。同年十一月九日,貝倫布洛克與三架蘇聯戰機發生纏鬥,並迫降到蘇軍防線的後方。後來,這位德國空軍的王牌卻成為「德意志軍官聯盟」(Bund Deutscher Offiziere, BDO)的創始人之一,該聯盟是由蘇聯的德軍戰俘所建立的反納粹組織。貝倫布洛克本身就有一半俄國的血統,他原本的所屬單位在他被俘後不久即

德國空軍的戰車擊殺王牌魯德爾,正在解說摧毀蘇聯T-34戰車的最佳攻角。

戰車殺手

雖然漢斯—烏爾里希·魯德爾並非戰鬥機的王牌,卻是德國空軍最了不起的飛行員之一。魯德爾駕駛老舊的容克斯Ju87俯衝轟炸機作戰,出擊架次令人嘆為觀止,總共執行二千五百三十起的戰鬥任務。他摧毀了五百二十三輛蘇聯戰車與八百多輛運輸工具,還有一艘戰鬥艦、一艘巡洋艦和一艘驅逐艦,以及其他目標,並操縱福克—沃爾夫Fw190戰鬥機創下九次空戰勝利。

魯德爾被擊落過三十次,五次重傷,但倖存下來。他還從敵境救出六名飛行組員。這位戰車擊殺王牌是德國空軍裡唯一獲頒黃金橡樹葉、寶劍與寶石章飾陪襯騎士十字勳章(Knight's Cross with Golden Oak Leaves, Swords and Diamonds)的人。

戰後,魯德爾一度移居到阿根廷,儘管失去了一條腿,卻是活躍的運動家,並且與南美洲的政界人士建立起親密的關係,後來還成為非常成功的商人。然而,魯德爾不但在出版的自傳中繼續支持納粹主義政策和德軍侵略蘇聯,更加入西德政治立場十分右傾的政黨,引發相當大的爭議。在1976年,甚至有兩位西德空軍的將領因為無法制止「聯邦國防軍」(Bundeswehr)的官員參加魯德爾的表揚大會而被迫提前退休。1982年,又有最後一個關於他的爭議事件,當時西德空軍打算於魯德爾的喪禮上,向他致意。

在不列顛戰役的空檔,赫爾姆特·威克中尉(照片左)正與他的同事討論戰術。

德國空軍人員正在檢視一架墜毀的伊留申（Ilyushin）II-2 型「斯圖莫維克」（Sturmovik）對地攻擊機，拍攝於 1944 年夏。

不堪一擊的蘇聯空軍

東線戰役初期，蘇聯的航空部隊證明是軟弱的對手，締造上千次的擊殺紀錄對德國空軍的王牌們來說是易如反掌的事。蘇聯戰機的性能拙劣，而且非常缺乏無線電設備，完全無法與優越的德國空軍匹敵。

史達林曾經下令槍決一位批評蘇聯戰機差勁的空軍將領，所以從資淺的飛行員到團級的指揮官都心裡有數，他們不可能倖免於德國空戰王牌的屠殺。結果，蘇聯的航空部隊直到1944年之前始終處於劣勢，他們的傷亡極高，只有少部分的飛行員能夠倖存下來，獲取實戰經驗。

到了大戰中期，在東線戰場的德國空軍單位大多數飛行員皆已駕著相同的戰鬥機，累積五百次以上的戰鬥任務。德國最頂尖的七大高手全是於東線作戰的王牌，最厲害的是埃里希・哈特曼少校，他總共擊落三百五十二架的盟軍戰機（三百四十五架蘇聯戰機，加上大戰末期摧毀的七架美國野馬式）。自從莫德士於1940年5月因創下第二十次勝利而贏得騎士十字勳章之後，在蘇聯作戰的第52戰鬥機聯隊飛行員直到1944年累積了一百多次擊殺紀錄，才可獲頒相同的獎章。

一名德國空戰王牌正於他的梅塞希密特Bf109戰鬥機尾翼上，漆上第十二個擊殺標記，拍攝於東線戰役初期。該機前四個擊殺標記並未畫上紅星，代表是在西線戰場贏得的勝利。

當照片前方的兩位年輕飛行員正在討論最近一次出擊任務之際，後面的地勤人員則把一架梅塞希密特「古斯塔夫型」推進樹林裡隱蔽起來，拍攝於1944年的諾曼第。儘管德國年輕飛行員充滿熱情，卻無法彌補經驗的不足，他們被迫在尚未準備好的情況下，上場戰鬥。

回報，蘇聯航空部隊的戰術明顯改善許多。第 1 戰鬥機聯隊內關於貝倫布洛克變節的傳聞從未得到證實，他於一九四九年返回西德之後，也依舊對這個議題保持沉默。

深厚的實力

除了那些擊殺紀錄超越一般王牌好幾倍的頂尖高手，以盟軍的標準來看，德國空軍還有不少高分打者。必須注意的是，德國的擊殺確認程序要比盟軍嚴格。

霍斯特·佩茲施勒（Horst Petzschler）即是典型的例子。他於二十歲入伍，並在一九四一年四月加入德國空軍，經過近兩年的訓練後，被派往東線戰場，操縱 Fw190 執行對地攻擊任務。佩茲施勒在一九四三年五月十一日贏得首次勝利，擊落一架 Yak-7 型。他接下來的兩次擊殺紀錄是過了六個月之後，於十一月十日同一天創下。然後，又是半年的間隔，佩茲施勒才在一九四四年五月再摧毀兩架蘇聯戰機。隨後，他跟著第 3 戰鬥機聯隊作戰，於四個月內擊落另十三架敵機。到了佩茲施勒在一九四五年五月四日飛往瑞士接受拘留以前，這位中士已打下各式各樣的盟軍戰機，包括六架 Il-2 型、四架 Pe-2 型、三架 Yak-9 型、三架 LaGG-5 型、兩架 P-51 型野馬、兩架 Yak-3 型、一架 LaGG-7 型、一架 B-17 型空中堡壘（Flying Fortress）、一架 B-24 型解放者（Liberator）、一架 A-20 型和一架 MiG-3 型。

佩茲施勒被擊落十三次，還迫降過十一次，包括一次遭蘇聯的防空砲命中，還有在馬德堡（Magdeburg）上空為一架 P-51 擊敗而跳傘逃生。他也榮獲鐵十字一級與二級勳章。

到了戰爭結束之際，德國空軍的頂尖高手已有一半陣亡。不過，他們最偉大的打擊王牌，即二十五歲的埃里希·哈特曼（Erich Hartmann）倖存了下來，儘管他在蘇聯的戰俘營內被關了十年才得以返回德國。戰後，哈特曼又加入西德空軍，並擔任「李希霍芬戰鬥機聯隊」（Richthofen Jagdgeschwader）的指揮官。

德國空軍的最佳王牌
埃里希·哈特曼

埃里希·哈特曼在1922年出生，卒於2000年，他創下三百五十二架擊殺紀錄，是空戰史上最成功的戰鬥機飛行員。照片中，擔任中隊長（Staffelkapitän）的哈特曼靠在他的梅塞希密特Bf109G 型戰鬥機旁留影，拍攝於1943年10月2日的東線戰場。

由於哈特曼直到1942年10月才首次登場作戰，而且在1943年夏以前只取得不到三十次的勝利，所以他的成就格外引人注目。哈特曼的所屬部隊，即第52戰鬥機聯隊亦是德國空軍擊殺紀錄最高的單位，旗下所有飛行員總共摧毀了一萬一千架左右的敵機。

希特勒於1944年8月26日在東普魯士拉斯騰堡（Rastenburg）頒發寶石獎章予哈特曼，以表揚他的三百次勝利。蘇聯人又稱呼哈特曼為「烏克蘭黑魔鬼」（Black Devil of the Ukraine）。戰後，他在蘇聯戰俘營內關了十年，於1955年返回德國，然後加入「聯邦國防軍」，並擔任「李希霍芬戰鬥機聯隊」的聯隊長。

夜間戰鬥機：電戰騎士

二次大戰期間，德國的夜間戰鬥機迫使英國皇家空軍的轟炸機，退出暗夜空襲第三帝國的行動好一陣子。

德國空軍早在西元一九三九年就成立了第一個夜間戰鬥機（Nachtjagd）單位，即一支配備梅塞希密特 Bf109D 型戰鬥機的中隊。該中隊於一九四〇年擴編為大隊（第 2 戰鬥機聯隊第 4 大隊），並在七月創下首次夜戰勝利。當時，第 4 大隊的一名飛行員攔截到一架英國皇家空軍的惠特利式（Whitley）轟炸機，但他也坦誠，純粹是運氣好才會在黑暗中發現目標。Bf109 戰鬥機沒有裝置機載雷達，而且與地面雷達站的聯繫亦是斷斷續續的。飛行員只能依賴遊移不定的探照燈來瞥見目標，可是一旦轟炸機被照到，又會引來密集的地面砲火，唯有夠大膽的飛行員才會持續冒險追擊。很長一段時期，高射砲仍為德國反制夜間空襲的主要利器。

投入夜戰的日間戰鬥機

為日間作戰而設計的單座戰鬥機非常不適合投入夜戰，因為 Bf109 座艙罩的透明塑膠板會反射探照燈的光源，使得飛行員難以瞧見任何景象。此外，如果碰巧發現轟炸機的話，戰鬥機的速度通常也太快，飛行員只有幾秒鐘的時間可以瞄準射擊，然後就會超越敵機，讓它又消失在黑暗之中。

夜間驅逐機

德軍征服丹麥之後，第 2 戰鬥機聯隊第 4 大隊的一支中隊進駐到奧爾堡（Aalborg），那裡同樣是第 76 驅逐機聯隊第 1 大隊和第 1 驅逐機聯隊第 1 大隊的基地，配備幾支梅塞希密特 Bf110C 型驅逐機中隊。第 1 驅逐機聯隊第 1 大隊的指揮官沃夫岡·法爾

克（Wolfgang Falck）寫了一份報告，指出他的 Bf110 在探照燈與地面雷達的協助下，執行暗夜作戰相當成功。六月，法爾克被任命為新成立的第 1 夜戰聯隊（NJG 1）隊長，而原先的約瑟夫・卡姆胡伯（Josef Kammhuber）上校則晉升德國空軍參謀部的「夜間戰鬥機軍官」（Air Officer for Night Fighter）。此時，英國皇家空軍轟炸機指揮部正逐步擴大夜襲第三帝國之役，戈林則拿他的政治聲望來賭，誓言不讓英國轟炸機跨越雷池一步。

不過，第一批 Bf110 夜間戰鬥機並未依新的任務需求進行改裝，僅漆上黑色的偽裝彩而已。它烙印在法爾克聯隊的隊徽上，這個隊徽是由空戰王牌魏納・莫德士的兄弟維克多・莫德士（Victor Mölders）中尉設計。Bf110 的爬升性能出色，實用升限可達三萬二千呎，英國轟炸機一般則在一萬八千呎的高空飛翔。此外，這款雙引擎的戰鬥機最快速度超過每小時三百哩，收到地面雷達站的回報之後，能夠輕易追上轟炸機群。當時，英國皇家空軍最快的轟炸機，漢普敦式（Hampden）滿載炸彈的最高時速只有二百五十四哩。況且，驅逐機裝設火力強大的加農砲與機槍，一陣掃射即足以摧毀一架轟炸機。

堅固耐用的 Bf110

後來，精心設計的夜間戰鬥機相繼問世，但 Bf110 直到一九四四年以前仍是德國空軍晚上戰役的主力，並持續服役至大戰結束。這款戰機的尺寸夠大，能夠加設雷達和第三名操作組員，還可配備更重的武器。儘管爬升率與最大時速無可避免地下滑，可是他們的性能仍足以對付敵方轟炸機。

Bf110 的白晝作戰表現又是另外一回事了，可說是大失敗。戈林下令夜間戰鬥機去對付美國陸軍的第 8 航空隊，證明他們無力制止轟炸機的日間空襲。例如，一九四三年二月四日，第 1 戰鬥機聯隊第 4 大隊的八架 Bf110 奉命攔截美國的 B-17 轟炸機群。儘管第 4 大隊宣稱擊落三架，但夜間戰鬥機全數為防禦火網所傷，以致當晚無法再出擊。幾位指揮官提出嚴正的抗議，戈林卻仍堅持他的夜間戰鬥機部隊投入白晝行動。數個星期內，美國陸軍航空隊派出 P-47 雷霆式為 B-17 轟炸機護航，德國空軍的夜間戰鬥機中隊乃遭到屠殺。創下四十三次勝利的夜戰王牌路德維希・貝克（Ludwig Becker）也陣亡，他的 Bf110 根本沒有機會挑戰高機動性的雷霆式戰鬥機。

早期的改裝

一九四〇年間，德國開始在其他幾款戰機上做夜戰設備的試驗。十八架的都尼爾 Do215 型（即打算賣給瑞典航空隊的 Do17 型）按照英國皇家空軍的布倫亨式（Blenheim）夜間戰鬥機進行改裝；另外，九架都尼爾 Do17Z-10 型亦裝置了 Ju88C 型的實心機鼻。這些戰機皆配備四門二十公釐 MG FF 型加農砲與四挺

從這架亨克爾He219型夜間戰鬥機所裝設的雙極天線角度來判斷，它所配備的是列支敦斯登SN-2d型雷達。該型雷達是德國空軍夜戰單位廣泛使用的最後一款FuG 220型電波探測器。

一組裝置在都尼爾Do217N-2型夜間戰鬥機上的早期雷達陣列，由列支敦斯登FuG 202型與FuG 212型原型雷達組成。在理想的狀況下，它的最大掃瞄範圍可達4,000公尺左右，最短則為200公尺。

這架Bf110G-4型夜間戰鬥機裝置改良的列支敦斯登SN-2B型（FuG220 型）機載攔截雷達。儘管這款雷達準確，可是最短掃瞄範圍將近半公里，所以該機又裝設了更小的列支敦斯登C1型（FuG212 型）雷達來搜索近距離目標。

機載雷達

1942 年間，英國的監控站察覺到德國夜間戰鬥機部隊已經在使用一款稱為「艾米爾—艾米爾」（Emil-Emil）的儀器。英國皇家空軍猜測它可能是一種機載雷達，卻對它的頻率一無所悉。不久，諾福克（Norfolk）的一座監控站記錄下一個可疑電波訊號，於是，英國空軍在 12 月 3 日派出一架配備合適接收器的威靈頓戰機去執行史上第一起電戰任務，代號為「雪貂」（Ferret）。該機遭到一架 Ju88 夜間戰鬥機的攻擊而受創，但仍設法傳回重要的資訊，然後迫降到肯特郡外海。

六個月之後，一架德國空軍的 Ju88R 型夜間戰鬥機叛逃至英國，飛行組員降落在亞伯丁（Aberdeen）的戴斯（Dyce）基地。這架戰機上即載著「艾米爾—艾米爾」，更確切地說，是列支敦斯登 C1 型（FuG212 型）機載攔截雷達。

接下來兩年，雙方展開激烈卻看不見的暗夜戰爭。每當德國空軍推出新的雷達，英國皇家空軍就想辦法予以反制。而德國則又趕緊發展更新的雷達系統，企圖使英國的反制措施失效。

七‧九二公釐機槍，投入第 1 夜戰聯隊第 5 中隊服役。他們還搭載「壓褲線機」（Spanner-Anflage）紅外線探照燈，這種探照燈是為了搜索轟炸機引擎所排放的高溫廢氣而設計，讓夜間戰鬥機的飛行員能夠透過一具特殊的瞄準器來射擊。「壓褲線機」於一九四〇年六月引進，可是不太實用，因為它的最大搜索範圍只有二百公尺左右。

機載雷達

Do17Z-10 型加裝了機載雷達，即列支敦斯登（Lichtenstein，或譯明鑽）C1 型電波探測器（Funk Gerät, FuG）。這款雷達的頻率為四百九十兆赫（MHz），波長六百二十公釐，它的四組雙極天線裝置在 Do17Z-10 的機鼻上，並使戰機的最大航速下滑。列支敦斯登雷達的有效搜索範圍在三千至五千五百公尺之間，最短則為二百公尺，視情況而定，掃瞄弧度也受限於二十四度。德國空軍還使用三種配備來測定敵機的方位、距離和高度，這些儀器的設計非常「不人性化」，但經驗豐富的操作員若能配合地面控制導航系統，進入轟炸機出沒的空域，即可引導飛行員找到入侵者。

雖然 Do17Z-10 型的性能與英國轟炸機差不多，但他們取得的成果激勵了德國空軍將更大的衍生型機，即 Do217 型夜間戰鬥機投入量產。Do217N 型結合了 Do217J-2 型的機鼻和海上轟炸機型的機身，主要量產型為 N-2 型，它的機背砲塔被拆除以減輕重量。第 1 夜戰聯隊第 4 中隊的路德維希‧貝克中尉就是駕著 Do217 創下第一起利用地面管控系統與機載雷達而取得的夜戰勝利。一九四〇年十月十六日晚間，他在荷蘭海岸上空擊落一架威靈頓式（Wellington）轟炸機。

捍衛第三帝國

　　德國空軍的「卡姆胡伯防線」（Kammhuber Line）直到一九四三年夏之前，都是第三帝國的護盾。到了那個時候，都尼爾夜間戰鬥機已逐步除役，由容克斯 Ju88 取代。都尼爾戰機的引擎推力不足，如果一具發動機故障，起降就容易發生危險。況且，夜間戰鬥機還得加裝雷達、無線電設備和加農砲。此外，若探照燈打向都尼爾座艙罩的鑲嵌玻璃，強光也會使機組員眩目。

　　另一款德國轟炸機同樣證明相當適合擔任夜間戰鬥機的角色。原先的容克斯 Ju88 快速轟炸機發展了幾款衍生型，其中的 C-2 型為長程戰鬥機，它的實心機鼻內裝置了一門二十公釐加農砲與三挺七・九二公釐機槍。挪威戰役期間，這批長程戰鬥機與第 30 轟炸機聯隊並肩作戰；一九四〇年七月，一支 Ju88C-2 型中隊被調回德國，並編成第 1 夜戰聯隊第 4 中隊。後來，德國空軍又接二連三地推出專用的 Ju88 夜間戰鬥

容克斯 Ju88G-1

性能： Ju88G型由兩具星形BMW 801型引擎推動，空重最大時速600多公里，但加裝列支敦斯登SN-2型雷達之後，時速減為570公里。

成員： Ju88夜間戰鬥機的成員為三名，包括飛行員、航空技師和雷達操作員。大戰晚期，Ju88又增加了一名雷達操作員來處理愈來愈複雜的電波探測儀器。

標誌： 圖中這架Ju88G型隸屬於第 2 夜間戰鬥機聯隊第7中隊，由吉爾茲—里安（Gilze-Rijen）基地出擊。它在1944年7月誤降到英國皇家空軍的木橋（Woodbridge）機場而被擄獲。

雷達： 這架Ju88G-1型夜間戰鬥機裝置列支敦斯登SN-2型（FuG220型）機載攔截雷達，透過獨特的「鹿角」（Hirschgeweihe）天線收發電波。該型雷達波頻率為 90 兆赫，所以英國皇家空軍的「窗」（Window）雷達干擾系統對它沒什麼影響。

武裝： Ju88G-1 型夜間戰鬥機的機腹吊艙被拆除，由裝置四門 20 公釐 MG151 型加農砲的凸起結構取代。

這架容克斯 Ju88G-1 型夜間戰鬥機是因梅克爾一等兵
（Obergefreiter Mäckle）誤降到索福克（Suffolk）機場而被英國皇
家空軍擄獲，英國人也因此取得重大的情資。經過詳細研究之後，
轟炸機指揮部證實德國空軍夜間戰鬥機所搭載的感應器，能夠追蹤
到英國莫尼卡（Monica）機尾警示雷達和 H2S 型導航雷達的訊號。

對盟軍來說，幸運的是，德國空軍僅有不到十二架的 Me262B-1a/U1
型夜間戰鬥機投入服役。這款戰機是由雙座的 Me262 噴射機改裝而
來，配備 FuG218 型海王星式（Neptun）雷達。

機型，他們乃成為夜戰單位的主力。不過，這款戰機
搭載愈來愈重且龐大的雷達、無線電與武器，造成一
些穩定性的問題。於是，德國設計出最後一款 Ju88G
型的次衍生型機，它整合了 Ju188 型轟炸機的大型垂
直與平衡尾翼，原本的 Jumo 211 型液冷式引擎也由
BMW801D 型氣冷式發動機取代。

　　Ju88 夜間戰鬥機在一九四〇年的
閃擊戰期間就冒險前往不列顛作戰。
德國空軍認為，到英國基地附近攔截
轟炸機會比在無邊無際的歐洲大陸上
空摸黑尋找他們的下落還容易。第 1
夜戰聯隊執行了幾次夜間入侵任務，
並持續到一九四一年。史上第一場夜
間戰鬥機對夜間戰鬥機的空戰也隨之
開打。

夜間戰鬥機 VS. 夜間戰鬥機

　　一九四〇年八月十八日晚間，
一架 Ju88C 型在切斯特（Chester）

附近遭到攔截，並被一架布倫亨 1F 型〔由羅德斯少尉（Pilot Officer Rhodes）駕駛〕追擊，最後於北海墜毀。另一起德國夜間戰鬥機的入侵則差一點讓英國皇家空軍轟炸機指揮部最出名的飛行員蓋·吉普森（Guy Gibson）喪命。他在四月八日操縱一架標緻戰士（Beaufighter）夜間戰鬥機正要降落到威靈果（Wellingore）機場之際遭遇伏擊，標緻戰士的空氣制動板損毀，所以戰機衝出跑道。吉普森的雷達操作員重傷，但他本身卻安然無恙。

入侵陷阱

不久，英國皇家空軍轟炸機指揮部加緊發動攻勢，雙方的夜間戰鬥機也在第三帝國上空爆發激烈空戰。在佩內明德夜襲行動那晚，英國空軍的夜戰王牌鮑伯·布拉罕（Bob Braham）率領四架標緻戰士於轟炸機群外圍獵巡，而德國的地面雷達操作員誤判

他們為脫隊的轟炸機——最佳的目標——所以引導第 1 夜戰聯隊第 4 大隊的五架 Bf110 前往佛里森群島（Frisian Islands）一帶進行攔截。結果，德國空軍面臨一場災難，布拉罕擊落兩架敵機，他的隊友亦打下一架。倖存的一架 Bf110 還為德國高射砲誤傷，另一架則因引擎故障，飛行員不得不跳傘逃生。

能夠輕易突破德國空軍防禦網的戰機是德·哈維蘭蚊式（de Havilland Mosquito）。這款「木製奇蹟」（Wooden Wonder）的載彈量相當於一架轟炸柏林的空中堡壘式（後者為了長途飛行無法滿載炸彈），速度卻是兩倍，而造價只有一半，主要擔任導航轟炸機和入侵攻擊機。對德國的夜間戰鬥機來說，蚊式的速度太快且太過靈敏，很難補捉，所以德國空軍採取雙重手段來因應：打造一款真正的夜間戰鬥機和發展噴射動力攔截機。

亨克爾 He219 型貓頭鷹式（Uhu）的原先設計是

容克斯Ju388J型很有可能成為最有潛力的高空夜間戰鬥機。德國空軍原本打算將這款戰機於1945年1月投入服役，但生產線卻在1944年12月停擺。

雙引擎的多用途戰機，可擔任驅逐機、戰鬥轟炸機與魚雷轟炸機的角色。然而，在不列顛之役中，德國空軍的驅逐機中隊付出了高昂的代價，他們證明無法與敏捷的戰鬥機匹敵。艾爾哈德‧米爾希很早就反對驅逐機的開發，但卡姆胡伯將軍透過特殊管道，獲得希特勒的授權，繼續執行驅逐機投入服役的計畫。

夜鴞

卡姆胡伯認為，亨克爾 He219 型能夠成為出色的夜間戰鬥機，而它的最後一款設計也確實充分發揮了夜戰能力。不過，He219 的生產數次延宕，部分原因是英國轟炸機指揮部夷平了羅斯托克（Rostock）的亨克爾工廠，並摧毀多數文件；而且，米爾希亦捉住每一個對 He219 不利的報告阻撓發展計畫的進行。儘管如此，該機仍在競爭測試中擊敗容克斯的 Ju 188 與都尼爾的 Do217N 型。第 1 夜戰聯隊第 1 大隊的隊長魏納‧史特萊伯（Werner Streib）少校是最早支持 He219 的飛行員之一，甚至要求先把前量產型機配給他的單位。一九四三年六月十一日至十二日晚間，史特萊伯駕著 He219 首次登場作戰，並一舉擊落五架蘭開斯特（Lancaster）轟炸機。七月，第 1 夜戰聯隊第 1 大隊就摧毀了二十架英國戰機，包括六架過去難以追擊的蚊式。

He219 的機身是以噴射動力為著眼來設計，也是第一款配備彈射座椅的戰機。這款夜間戰鬥機不但配備除冰裝置、自動導航系統、盲目著陸輔助設備和裝甲防護，火力更是強大。它於機鼻與機腹凸出結構內裝設四門三十公釐加農砲和二門二十公釐機砲，還有機背的兩門傾斜射擊三十公釐加農砲。

一些德國飛行員聲稱，若 He219 的數量足夠，英國轟炸機部隊將會蒙受慘重的損失。然而，He219 仍有一些重大缺點，不只是它的動力太低，其他設計亦

二次大戰期間第一款真正有戰力的夜間戰鬥機為布里斯托標緻戰士。這款戰機堅固耐用，火力也很強大，於1940年9月登場。它配備了 IV 型空中攔截雷達（AI Mk IV），能夠有效補捉到敵機，這是德國空軍放棄夜間閃擊戰的主因之一。

夜間入侵者

在第三帝國的上空，德國空軍並非唯一操縱夜間戰鬥機的航空部隊。英國皇家空軍的入侵者不時闖進德國的領空，並擊落許多對手。布里斯托（Bristol）標緻戰士與德·哈維蘭蚊式都配備了先進的釐米波雷達，他們於轟炸機群外緣徘徊，或在已知的德國夜間戰鬥機基地附近獵巡。

德國空軍率先運用入侵策略作戰，大戰初期即派都尼爾Do217與容克斯Ju88滲透到返航的英國轟炸機群裡進行掠奪。英國則在1943年夏開始還以顏色，第141中隊的標緻戰士於幾個月內就打下二十三架敵人的夜間戰鬥機。

標緻戰士的性能並不比對手優越，但蚊式夜戰型的登場大大彌補了實力差距。這款出色的夜間戰鬥機於1943年8月首次出擊，並讓德國飛行員聞風喪膽。蚊式擔任轟炸機的角色也非常勝任，德國空軍的夜間戰鬥機幾乎是無力攔截。

產量高達七千七百八十一架的蚊式戰機當中，僅有少數是夜間戰鬥機型，他們在1942年夏登場，並於一年後飛進第三帝國的領空執行夜間入侵任務。三年下來，蚊式就擊落了一千五百多架的德國空軍各式飛機。

有瑕疵。貓頭鷹式的空重超過八公噸，滿載燃料與彈藥更重達十五公噸，爬升率差強人意；而且，若失去一具引擎的話，起飛或降落就容易發生危險。另外，許多Bf110的飛行員也拒絕換裝，他們抱怨，在寒冷的天候下，降落之際座艙罩經常會起霧。

「爵士樂」

一九四一年底，德國空軍的幾個單位引進了向上開火的加農砲，又稱「爵士樂」（Schräge Musik，或譯傾斜樂曲）。魯道夫·舒納特（Rudolf Schonert）中尉即在他的 Do17Z-10 戰機上架設傾斜射擊的七·九二公釐機槍。如此一來，戰鬥機便可混入轟炸機群裡，並從下方向目標開火，而且不需擔憂機尾槍手會突如其來地反擊。

從下方開火

一年後，三架 Do217J 型也架設向上開火的二十公釐加農砲，這樣的改裝到了一九四三年初成為第 5 夜戰聯隊的標準配備。不過，儘管各單位都開始裝置「爵士樂」，並不代表由下方攻擊就沒有危險。例如，第 5 夜戰聯隊第 2 大隊的隊長曼弗瑞·摩爾勒（Manfred Meurer）上尉（創下六十三次擊殺紀錄）

在駕著 He219 擊中一架蘭開斯特之後，即與下墜的轟炸機相撞而陣亡。

大戰末期的時候，德國空軍推出了兩款噴射夜間戰鬥機，即阿拉度 Ar234 型閃電式（Blitz）與梅塞希密特 Me262 型燕式（Schwalbe）。雙座的 Ar234C-3/N 型夜間戰鬥機是由單座的 Ar234 型偵察轟炸機改裝而來，它架設了雷達與機腹加農砲，雷達操作員則擠在飛行員後方的狹小隔間內，無論飛行員或雷達操作員於緊急狀況下都無法跳傘逃生。Ar234 的高空操縱性能極佳，但它的鑲嵌玻璃座艙罩會反射探照燈的光線，使飛行員分心。即便如此，閃電式的引擎較可靠，不會像 Me262B-1a/U1 型夜間戰鬥機那樣，一具引擎故障就容易失事。

Me 262夜間戰鬥機

Me262 雙座型噴射機原是為了訓練目的而設計，他們的量產計畫同樣拖延甚久。到了一九四五年初，生產線上的 Me262 被改裝為夜間戰鬥機，但引擎的問題依舊沒有解決。雙座的 Me262B-1a/U1 型在一具發動機故障的夜空中更難飛行。儘管燕式噴射機能夠攔截英國皇家空軍的蚊式，可是對付緩慢的重型轟炸機時速度卻太快，轉眼間就會飛越目標。

噴射機

噴射機在二次大戰期間為一款不可思議的武器，非常有潛力為希特勒贏得戰爭。然而，德國人太晚才領悟到噴射機的重要性，所以未能扭轉頹勢。

阿道夫‧賈蘭德中將因為直言不諱而在德國空軍中聲名狼藉，即使到了西元一九四三年四月，他已創下近一百架的擊殺紀錄，是名副其實的空戰王牌亦是如此。在不列顛之役期間，正是賈蘭德膽敢要求空軍元帥赫曼‧戈林弄來一支中隊的噴火式戰鬥機，以提高勝算。他擔任戰鬥機部隊指揮官（General der Jagdflieger）時，試飛過一架梅塞希密特Me262型噴射機，並留下極深刻的印象。這款航空器比任何盟軍的對手還快，甚至能夠逮到當前最難以捉摸的德‧哈維蘭蚊式（de Havilland Mosquito）轟炸機。Me262配備四門三十公釐加農砲，有潛力改變空戰的型態。

一九四三年夏，Me262倉促投入量產，賈蘭德堅持他們至少要占四分之一的德國戰鬥機產量。然而，這根本是辦不到的請求。

不利的情勢

德國空軍投入二次大戰之時所操縱的戰機，性能與世界各國的對手相當，甚至是超越。不過，英國和美國在大戰爆發不久旋即展開了一連串的航空器發展計畫，並推出許多優秀的新式重型轟炸機，還有更強大的戰鬥機，如P-51型野馬式（Mustang）或P-47型雷霆式（Thunderbolt）。反觀德國，除了福克─沃爾夫Fw 190型之外，大部分的新型機都是失敗的設計，像是亨克爾He177型鷲面獅式（Greif）轟炸機容易起火；亨舍爾Hs129型對地攻擊機的性能不可靠；而梅塞希密特Me210型戰鬥轟炸機在耗費了大量的人力與戰略物質後，徹底放棄（卻為梅塞希密特公司大賺一筆）。

著名的德國空戰王牌阿道夫·賈蘭德於1942年晉升為戰鬥機部隊的指揮官。他駕駛過早期型的Me262噴射機,並了解這款武器將可掌握未來的戰局。然而,賈蘭德無法說服希特勒調派更多的Me262擔任戰鬥機的角色,希特勒視他們為轟炸機。

上千架的Me262噴射機若能調派足夠的數量作為戰鬥攔截機之用,德國就可對美國陸軍航空隊的日間轟炸機施以毀滅性的打擊。另一款夜戰型的Me262則可阻礙勢不可擋的英國皇家空軍蚊式轟炸機群。然而,對盟軍來說,幸好這並未成真。

德國的航空界並非欠缺人才,可是傑出的設計團隊經常為貪污腐敗的官僚們忽視,納粹領導階層私底下的惡鬥更阻礙了航空工業的發展。戰前,德國的重型轟炸機計畫受到恩斯特·烏德特的壓抑,他還反對噴射引擎的開發。然而,到了一九四一年,亨克爾公司與梅塞希密特公司的噴射機原型都在英國格洛斯特(Gloster)E.28/39型升空後的幾個星期內試飛。不過,當時梅塞希密特的飛機只是於機首裝置傳統活塞引擎的雛型,因為它的噴射發動機尚未完成(而且

照片中,裝置噴射引擎的亨克爾He178型於1939年8月首飛,是世界上第一架在空中翱翔的噴射機。儘管德國空軍的技術官僚,米爾希和烏德特一開始都對這款劃時代的航空器表示懷疑,幾個製造廠仍展開噴射引擎結構的研發,最後亨克爾公司與容克斯公司皆取得了成果。

噴射引擎於首次試飛中熄火,差點讓原型機墜毀)。這是一九四〇年代航空技術的瓶頸,戰爭結束以前,盟軍和德國皆無法製造出可靠的噴射引擎。然而,由於第三帝國不斷遭受空襲——美國陸軍航空隊於白天轟炸,英國皇家空軍則專在夜間發動空襲——這項不純熟的科技為德國人帶來最後一道希望。賈蘭德對了一點:數百架的Me262戰鬥機能夠施予美國日間轟炸機部隊足夠的損失,進而阻止他們侵犯第三帝國的領空。不過,仍有顧慮的是:這款革命性的戰機能否在發動機問題克服之前,直接投入量產;德國是否能在盟軍剷平他們的飛機製造廠之前,生產出大量的噴射機;以及德國空軍能不能訓練足夠的飛行員來駕駛他們。

轟炸工廠

第二個疑慮首先得到答覆:一九四三年八月十七日,美國第8航空隊蹂躪雷根斯堡(Regensburg),摧毀了預定的生產線。於是,噴射機的製造轉往巴伐利亞的新廠房,使得原本就因缺乏技術勞工與戰略物質而延宕的生產進度更加落後。況且,軸心國的運輸網絡持續遭受嚴重破壞。一九四三年夏至一九四五年四月間,梅塞希密特共打造了一千三百架左右的Me262,可是不到一千架運交德國空軍手中。同一時期,盟軍的戰鬥機產量每月已超過兩千架。

在Me262短暫的服役生涯中,引擎的不可靠性使

梅塞希密特P1101型噴射戰鬥機到戰爭結束之際仍處於雛型階段，它的機砲還是用畫的！若繼續發展下去，P1101可成為世上第一架後掠翼的戰鬥機。美國陸軍航空隊將擄獲的計畫帶回國內研究，並開發出貝爾（Bell）X-5型噴射機，於1951年6月升空。

他們受盡折磨。Jumo004型發動機在運作十個小時之後就得拆開檢修，而且它的平均壽命不到二十五個小時。有時候，圓錐形噴嘴還會掉落，導致引擎燒毀，並使飛機偏離航道，無可避免地螺旋下墜。此外，在高速飛行時，機身也不容易掌控，妨礙準確射擊。何況，加農砲的射速不快，迅速逼近目標之際難以瞄準，想要打下敵機是更加困難。

超快的戰鬥機

然而，若Me262由經驗豐富的高手操縱的話，仍可平穩地飛行，並使它成為最可怕的對手。憑藉噴射機令人嘆為觀止的速度優勢，能夠倏忽掃蕩盟軍的轟炸機中隊，然後在護航戰鬥機來得及反應前揚長而去。只要幾發三十公釐加農砲彈就足以摧毀四引擎的轟炸機，或是至少讓他們癱瘓而脫離隊形，再交由次等的戰鬥機了結其性命。到了一九四五年春，Me262還配備R4M型無導引空對空火箭，可在盟軍轟炸機防禦機槍的射程外投射。

一九四四年間，德國空軍飛行員的損失速率已快過可替補的人員。在帝國上空每日戰鬥的人力耗損，逐漸使飛行員的素質衰退，許多中隊都由少數幾位高手帶領大部分的菜鳥。有時，擊落三架敵機的人就可算是「王牌」，而且他們還質疑這樣的運氣就快用光了。

第44戰鬥聯合部隊

不少Me262的駕手皆是重新受訓的轟炸機組員，他們沒有戰鬥機的戰術經驗，所以經常未能發揮戰力。只有在大戰的最後幾個星期，德國空軍才成立一支真正能夠戰鬥的Me262部隊，即「第44戰鬥機聯合部隊」（JV 44）。這個單位由賈蘭德率領，成員都是在最後幾場空戰中擊落過五架敵機的「王牌」。然而，他們的規模太小，亦為時已晚。

盟軍第一款投入服役的噴射機，格洛斯特流星式（Meteor）則留在英國本土對付V-1飛彈的攻擊，直到大戰的最後幾個月才部署到歐洲大陸。所以世人得等到韓戰，才能見識噴射機對噴射機的纏鬥戰。盟軍的活塞引擎戰鬥機或許無法攔截Me262，但他們在數量上享有壓倒性的優勢，就算德國先進的噴射機也撼動不了龐大的轟炸機部隊。此外，盟軍有多餘的對地攻擊機可派去轟炸Me262的基地，儘管成果有限，卻仍進一步消耗了他們的戰力，並擾亂出擊的準備。盟軍飛行員很快發現，Me262於返回基地期間尤其脆

威利・梅塞希密特和亞歷山大・利皮許（Alexander Lippisch）博士設計出二次大戰期間最快的戰鬥機。Me163型彗星式的性能具有名副其實的爆發力，儘管它的火箭推進引擎是既危險又不穩定。德國總共生產了三百架左右的彗星式，他們卻只擊落九架敵機，高速反而成不利的因素。由於Me163逼近盟軍轟炸機群時的速度太快，飛行員難以對準目標，導致戰績欠佳。這款戰鬥機乃德國作為最後手段的武器。

在1944年晚期最緊急的幾個月，德國帝國航空部下令量產一款構造簡單且重量輕的噴射攔截機。He162型國民戰鬥機（People'sFighter）每日的產量達到不可思議的一百三十五架，他們打算由「希特勒青年團」的滑翔機駕手來操作。龐大的製造工廠是設在羅斯托克—馬林納赫（Rostock-Marienehe）；另外，大批奴工亦於「諾德豪森中部廠」（Nordhausen Mittlewerke）的地下廠房打造這款戰機。

弱，而且許多噴射機在超低空試圖拉起機鼻，重新降落之際失事〔飛行員術語稱為「騎士跨高」（Knight's Cross Height）〕。因此，德國空軍不得不調派Fw190中隊及部署更多的防空砲營，保衛噴射機基地。

火箭戰鬥機

納粹德國的另一款噴射機亦只有在降落的時候才有辦法攔截，它就是梅塞希密特Me163型彗星式（Komet），為二次大戰期間最快的戰機。Me163實際上是火箭，速度每小時將近六百哩（九百六十六公里），不到三分鐘即可衝上三千呎（九百一十四公尺）的高空。然而，這款令人驚奇的航空器卻因意外導致飛行員喪命的人數，比他們擊殺敵機的數目還多

而聲名狼藉。Me163於一九四一年首飛，是一款裝置火箭發動機的無平衡尾翼滑翔機。它的設計構想為：利用火箭不可思議的加速度使飛機衝到高空，再關閉引擎，以滑翔的方式高速穿越盟軍的轟炸機群。節流閥全開的話，Me163裝載的燃料只夠飛行六分鐘，所以它得反覆進行爬升與滑翔的動作才能完成任務返回基地。至少，這是理論上的說法，實際情況則是：Me163逼近目標發動攻擊之際僅有一眨眼的時間，速度太快使得大部分的飛行員都無法適切地瞄準。關掉引擎展開高速滑翔需要高超的技術與勇氣，因為引擎一旦關閉，得過兩分鐘才可再點燃。若盟軍戰鬥機此刻來襲的話，飛行員少有選擇因應危機。大多數的Me163飛行員約束自己只從轟炸機編隊的後方發動一

照片中,一架巴赫姆毒蛇式火箭戰機準備進行第一次垂直升空,拍攝於1945年2月28日。作為孤注一擲的手段,毒蛇式只不過是一款由人員操縱的地對空飛彈。這款武器十分危險,飛行員洛塔爾.希伯特(Lothar Siebert)就在首次測試飛行中喪生。

Me262在飛行中的操控性能優越,可是它的發動機於加、減速時容易燒毀。此外,飛行員著陸之際,機體經常發生彈跳導致失事,而且盟軍大部分的擊殺紀錄都是在Me 262準備降落期間創下。

次高速攻擊,然後試圖完成任務最困難的部分——於下降中保持活命。

降落時的脆弱性

Me163的滑翔姿態優美,但在降落時最令飛行員掛慮,因為徘徊的P-51野馬戰鬥機隨時會發動攻擊。此外,該機的滑輪形起落架避震功能極差,飛機砰然著地是司空見慣的事,這會導致飛行員的脊椎受傷。更糟糕的是,由於火箭燃料具有腐蝕性、劇毒且易爆,不少Me163於降落之際意外炸毀。彗星式起飛的時候同樣會出事,有些是燃料外洩;有些則是失控在跑道上彈跳而引發爆炸;其他還有人為的破壞。奴工不只生產Me163的重要零件,還負責最後的組裝。現今於美國「華盛頓航太博物館」(Washington's Air and Space Museum)展示的彗星式是在一九四五年尚未有

任何人駕駛之前遭擄獲。研究人員的檢驗發現,有一塊鐵片被放在起飛加速器內,這會使燃料管破裂導致飛機炸毀。金屬上還有用法文寫的刻字:「我討厭我的工作!」

二次大戰期間,德國空軍是唯一操縱噴射轟炸機的航空部隊。他們的阿拉度(Arado)Ar234型閃電式(Blitz)單座轟炸機在一九四〇年展開研發,計畫於一九四一年呈交給帝國航空部。這款武器配備兩具渦輪噴射引擎,座艙設在機鼻,並裝置塑膠玻璃。英國測試飛行員艾力克·布朗(Eric Brown)試飛了Ar234之後批述:這樣的設計使飛行員「非常瀕臨任何意外」。容克斯公司原本承諾在一九四一年底能夠開發出該機的噴射引擎,但發展進度嚴重拖延,直到一九四三年初才交付,而早在八個月前,Ar234的機身就已經完成。自一九四三年底以來,德國空軍便鮮少

飛越英國上空進行戰略偵察，當時盟軍已開始準備D日登陸作戰。阿拉度噴射機的問世原本可以讓德國在諾曼第登陸戰前夕取得重要的空拍情資，因為沒有任何活塞引擎戰鬥機能夠攔截他們。然而，對盟軍來說，幸好Ar234的飛行測試一再延宕，D日登陸展開一個月後他們才投入作戰。到了一九四四年秋，德國空軍重新展開英國和義大利前線的空中偵察，可是獲得的情資已無多大幫助。Ar234B-2為一款轟炸機衍生型，能夠搭載一千五百公斤（三千三百磅）的炸彈。這款轟炸機配發到第76轟炸機聯隊，並於一九四五年突擊著名的雷馬根（Remagen）鐵橋，還有幾架Me262戰鬥機的護航，這是史上首次的噴射戰鬥機與噴射轟炸機聯合出擊。

國民戰鬥機

投入德國空軍服役的最後一款噴射機直到大戰的最後幾天才見到他們出擊。德國投降後，盟軍士兵在地下工廠裡發現上百架的該型噴射機。一九四四年九月，卡爾—奧圖·索爾（Karl-Otto Saur）請求發展一款容易操縱的輕型噴射機（重量不超過兩公噸），而且不需大批技術勞工也能大規模量產。有兩個設計提了出來，儘管布洛姆—渥斯（Blohm und Voss）的藍圖看起來較佳，高層卻決定採用亨克爾P.1073型麻雀式（Spatz）。這款噴射機後來命名為He162型〔又稱國

容克斯Ju287型是二次大戰期間最具未來主義色彩的噴射機。它的前掠翼在航空動力學上很有效率，可是需要極堅固的主翼樑來支撐。當時，可用的材料尚不夠堅固，無法長時間承受飛行時產生的壓力。

為了減輕重量，阿拉度Ar234型噴射機是利用一具台車來升空，並以滑橇降落。這款先進的偵察暨高速轟炸機於1944年底投入服役，他們所執行最著名的任務是在1945年3月攻擊雷馬根的鐵橋。

民戰鬥機（Volksjäger）或蠑螈式（Salamander）〕，經飛行測試後迅速投入量產，並在六個月內送至前線中隊服役。它是第一款裝設彈射椅的軍用機，結合了現代化的座艙與泡形罩，機身上方架設一具渦輪噴射引擎，但機翼、尾翼與機鼻則為木製。第一個接收到He162的單位是第1戰鬥機聯隊第1大隊，他們於一九四五年二月六日交出Fw190之後換裝這批戰機，並開始訓練操作。然而，大部分的訓練都沒有索爾原先要求的那麼簡單。到了一九四五年春，納粹的領導人盼望只飛過滑翔機的「希特勒青年團」成員能夠直接駕著He162出擊，可是最後，只有不到一百架的He162投入戰鬥。

窮途末路

德國還有另一款差不多是用過即丟的火箭攔截機，該機的發展計畫卻因盟軍地面部隊的阻撓而終止。這款巴赫姆（Bachem）Ba349型毒蛇式（Natter）是垂直發射升空，機鼻裝置了二十四枚無導引火箭。一旦向盟軍轟炸機群齊射火箭之後，飛行員就得跳傘，而戰機尾部的降落傘亦會打開，讓飛機著陸，待回收重新使用。十架毒蛇式原已部署到基爾赫罕（Kirchheim）準備出擊，可是盟軍的戰車踐踏了機場，這批奇異的武器也在地面上被摧毀。Ba349總共生產兩百架，大部分是要予以黨衛軍操縱。然而，希姆萊麾下的隊員極不可能會駕駛這種如神話般，而且極具危險，幾乎等同自殺的武器。

納粹的最後噴射機：具有創造力或是愚蠢的武器？

亨克爾He162：亨克爾He162型噴射機蒙受德國在1945年時各種要素短缺之苦——匱乏的燃料和金屬，沒有經驗的工人與飛行員，還有倉促的設計及發展。解決這些問題的企圖又不斷遭受盟軍的阻礙。不過，戰後的一連串測試揭露，這款戰機的設計非常精巧，儘管不易操縱，但由經驗豐富的駕手來飛，仍稱得上是出色的航空器。

霍頓Ho IX：圖為裝置雙噴射引擎且無機尾的霍頓（Horton）Ho IX型戰鬥轟炸機。大戰結束之前，德國生產了兩架Ho IX原型機，它是相當先進的設計，汲取霍頓兄弟製造滑翔翼的豐富經驗研發而成。第二架原型機在奧萊寧堡（Oranienburg）試飛，速度可達每小時497哩。不過，這架原型機卻因一具發動機故障，於迫降中墜毀。德國所訂購的二十架先期量產型機在戰爭結束以前，沒有任何一架完工。

亨克爾He280：亨克爾He178的進一步發展於1939年秋中止之後，設計師便集中精力研發更先進的雙渦輪噴射引擎戰機。新型的亨克爾He280由兩架Me110拖曳，進行數次飛航測試後，終於在1941年4月2日以自身之力翱翔天際。它是世界上第一架噴射戰鬥機，亦是第一架雙引擎的噴射機。然而，He 280不斷遭受發展問題的困擾，性能較佳的梅塞希密特Me262問世以後，計畫乃宣告放棄。

費瑟勒Fi103R：1944年3月，希特勒批准利用人員操縱的飛彈攻擊高優先性的目標。費瑟勒Fi103R型基本上即為人員操縱的V-1飛行炸彈。德國打算由大型的母機載運投射Fi103R，待它衝向目標之後，飛行員再跳傘逃生。漢納‧萊區（Hanna Reitsch）進行過幾次早期飛航測試。德國共生產了一百七十五架的Fi103R，預定交由「李奧尼達斯中隊」（Leonidas Staffel）操縱。可是，這個計畫在1944年10月遭到遺棄。

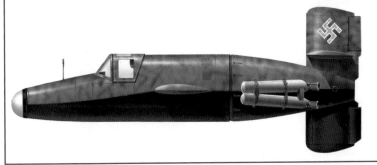

巴赫姆Ba349：巴赫姆Ba349型毒蛇式是一款垂直發射的火箭推進攔截機。飛行員需要有鋼鐵般的決心：Ba349發射後可自動駕駛飛向轟炸機群，逼近目標上方之際，飛行員再改採手動控制。向目標投射二十四枚無導引火箭以後，飛行員便拋射機鼻，並跳傘逃生。不令人意外地，毒蛇式從未執行過實戰任務。

卡安HM-13u多功能行車記錄器

幫助確認事故狀況，快速釐清並加強預防意外的發生

產品功能／特色

 • HD720P高畫質，每秒30張影像，真實還原現場，安全專業放心的行車記錄器

• USB2.0電腦傳輸界面，透過電腦備份影片管理最方便

 • 緊急按鈕，緊急事故發生時可按下有三角型標誌按鈕，一鍵保存目前與前段檔案，確保影像檔案不會被覆蓋

• 多功能手持式DV設計，其它場合也適用

 • 120度低照度廣角鏡頭，前方影像都看得到

• 16倍變焦錄影功能

 • 錄影不漏秒，MOV檔案無縫連接

• 可當工作或會議時的錄音筆

 • H.264先進壓縮技術，節省保存空間

• 支援SDHC記憶卡，最高支援32G

 • HDMI端子輸出，直接在家中高畫質電視播放

 • 內建3 Axis G-sensor重力加速感應器，在循環錄影狀態下,遇劇烈搖晃,自動保存目前及前段檔案（HM-130G功能選配）

軍事連線 Mook04

致命的武器Vol.2
GERMAN WEAPONS OF World War II

發 行 人：謝俊龍
作　　者：克里斯.畢蕭(Chris Bishop)、
　　　　　亞當.華納(Adam Warner)
譯　　者：張德輝
文字編輯：苗龍、李政峰
視覺設計：雅圖創意設計有限公司
出　　版：風格斯藝術創作坊
發　　行：軍事連線雜誌
地　　址：106 臺北市臥龍街131巷13弄5號1樓
電　　話：886-2-87320529
傳　　真：886-2-87320531
E-mail：mrbhgh@gmail.com

國家圖書館出版品預行編目(CIP)資料

致命武器 VOL.2 / 克里斯.畢蕭(Chris Bishop),
亞當.華納(Adam Warner)著；張德輝譯.
-- 第一版. -- 臺北市：風格司藝術創作坊, 2013.03
　　面；　　公分
譯自：German campaigns of World War II
ISBN 978-986-6330-42-1

1.第二次世界大戰 2.武器 3.德國

712.84　　　　　　　　　　　101020693

國內總經銷 ：紅螞蟻圖書有限公司
　　　　　　　台北市內湖區舊宗路二段121巷28號4樓
　　　　　　　電話 ：886-2-27953656
　　　　　　　傳真 ：886-2-27954100
　　　　　　　http://www.e-redant.com
　　　　　　　E-mail:red0511@ms51.hinet.net

出版日期：2013年3月　第一版第一刷
定價：280元